오늘도 '놈'들 [illegible],

그럼에도 그들과는 다른

'분'이 되기 위해 노력하는

당신에게 존경과 애정을 담아

______________ '분'께

______________ 드림

VS

센 운 VS 약한 운

허은아 지음

휴먼큐브

일러두기

이 책에서는 '센 놈, 센 분'이 아니라 어감을 살려 '쎈 놈, 쎈 분'으로 통일합니다.

프롤로그

'놈'들은 죽고, '분'들은 살아간다

세상에는 별의별 '놈'이 참으로 많다. 2014년 12월 대한민국을 뜨겁게 달군 '땅콩회항' 사건의 주인공인 대한항공 부사장, 2013년 항공기 여승무원의 얼굴을 때린 '라면상무', 호텔 지배인을 장지갑으로 때린 '빵회장' 사건 같은 '놈' 짓을 보면 강한 자들에 대한 존경이 사라진다. 반면 2014년 8월 한국을 방문한 프란치스코 교황은 온 국민의 가슴을 훈훈하게 해주었다. 그런 사람을 보면 강한 자의 영향력과 존경심을 느끼게 된다.

'놈'은 욕이고 '분'은 존칭이다. 당신의 주변을 놈과 분으로 나눠본다면 어떨까? 아니면 누군가가 놈과 분을 나눌 때 당신은 어디에 들어갈까?

나는 15년 동안 사업을 하며 참으로 많은 놈과 분을 만났다. 벤처 붐이 일던 1999년에 겁도 없이 시작한 예라고를 지켜오면서 비즈니스 정글에서 만난 수많은 놈들과 전쟁을 치르며 생존 자체가 감사해야 할 일이라는 점을 배웠다. 비즈니스 선배들이 들려준 "돈보다 중요한 것은 사람이다. 사람을 얻으면 다 얻는다"는 조언을 긴 세월의 수업료로 내며 온몸으로

VS

배워왔다.

나는 이미지 전략가로 활동하고 있다. 사람들의 장점과 매력을 찾아 각각의 퍼스널 브랜드 이미지 전략을 만들어내는 일을 한다. 사람들이 알게 모르게 하고 있는 '놈' 짓을 바로잡고 조언하는 직업이기도 하다. 15년 동안 수천여 업체들을 다니며 하루에도 2~3회 넘게 컨설팅과 교육을 하면서 무수한 사람들을 만나왔다.

그동안 많은 회사가 등장하고 사라졌다. 우리나라에서 매출액과 시가총액 모두 30위 안에 드는 23개 기업 중 50년 이상 된 기업은 단 2개뿐이라고 한다. 또 기업이 40년 동안 존속할 가능성은 미국이 32퍼센트, 한국은 12퍼센트라고 하니, 내가 15년 동안 만나온 회사 중 상당수가 문을 닫지 않았을까?

인생은 돌고 돈다. 실제로 나는 기업의 세계를 누비며 불과 몇 년 전만 해도 잘나가던 누군가가 갑자기 사라지고, 주목받지 못하던 누군가가 그 자리를 차지하는 것을 항상 목격한다. 인생에는 굴곡이 있다. 호황과 불황이 반복되듯이 내 인생에서 잘나가는 때도 있지만 바닥을 칠 때도 분명히 온다.

안타깝게도 이 전환 속도가 점점 더 빨라지고 있다. 세상이 급변하는 까닭이다. 어제의 강자가 하루아침에 약자가 될 수 있다. 이는 남의 일이 아니라 바로 우리 앞에 놓인 현실이다. 가까운 미래에 강자와 약자 중 어느 자리에 서게 될지 아무도 모른다. 수많은 별이 뜨고 지는 것을 보며 나는 이렇게 한자리에 머물 수 있다는 것만으로도 감사하는 마음을 가지게 된다. 강한 자가 살아남는 게 아니라 살아남는 자가 강한 것이다. 어느 위치에서도 흔들리지 않고 내 길을 가며 기회를 기다릴 수 있는,

그래서 끝끝내 살아남는 진정한 강자가 되기 위해 무엇을 해야 할까.

우리 사회는 전통적으로 사람 간의 관계를 힘의 균형에서만 찾아왔다. '갑'의 자리를 차지하기 위해 노력했고, '을'의 자리에 서면 가급적 갑의 심기를 건드리지 않으려 애썼다. 어려서부터 갑이 되기 위한 교육을 받아왔고, 을은 늘 약하고 가련한 존재로 표현되었다. 힘과 능력, 권한이 '쎈' 사람은 약해지지 않으려고 노력했고, '약한' 사람은 세지기 위해 노력했다.

그런데 과연 이런 관계가 항상 맞는 것일까? 나는 강한 자와 약한 자의 경계에 대해 생각했다. 우리는 누구나 갑이면서 동시에 을이다. 어떤 관계에서는 한없이 약하지만 다른 관계에서는 한없이 세다. 그리고 이런 관계들은 우리의 일상에서 동시에 일어난다. 모든 관계와 상황 속에서 갑이고 세기만 한 사람은 없으며, 을이고 약하기만 한 사람도 없다. 우리가 보기에 부와 권력, 명예를 모두 갖추고 있어 항상 갑이고 우위에 있는 '쎈' 분일 것 같은 고위 정치인이나 대기업 회장님도 집에서는 아내, 자녀 혹은 부모님에게 한없이 약한 사람일 수 있다.

강한 자 중에서도 존경받아 마땅한 '쎈 분'이 있는가 하면, 강하지만 절대 만나고 싶지 않은 '쎈 놈'도 있었음을 떠올렸다. 약한 자 역시 약함에도 추앙받는 '약한 분'이 있고, 그 반대인 '약한 놈'이 있었다. 나는 그 고민의 결과물로 이 책에서 강자와 약자의 이분법을 넘어 인간관계에 대한 새로운 공식 하나를 제안하려고 한다. 강자도 강자 나름, 약자도 약자 나름이라는 것이다.

그래서 이제는 관점을 바꿔야 한다. 갑의 자리를 지킴으로써 을이 되지 않기 위해 노력하는 것이 아니라 '분'이 됨으로써 '놈'이 되지 않기 위한 전략을 세워야 한다. 나는 기본적인 마음가짐을 기준으로 사람을 분과 놈으로 구분한다. 현실적인 능력이 뛰어나면서 훌륭한 인격을 가진 사람이라면 '쎈 분'이다. 아무리 사회적 지위가 높은 사람이라도 인격이 떨어진다면 '쎈 놈'이라고 정의 내린다. 강자라 해도 그가 쎈 놈이라면 그의 강함이 지속될 가능성은 그만큼 떨어진다. 놈을 좋아하는 사람은 없다. 그리고 모든 일에는 사람이 기본이다. 그러나 많은 사람들이 강함만을 추구하다가 놈이 되어버리고 만다.

우리 사회에서 요구하는 인격의 핵심은 역지사지易地思之다. 타인의 입장과 생각을 헤아려야 한다는 것이다. 강자가 되고 싶은 약자라면 강자의 행동방식과 생각이 어떠한지 이해할 필요가 있다. 이미 강자라면 더 강자가 되기 위해 발버둥치기보다는 약자의 입장을 헤아리는 여유와 배려를 가져야 한다. 그렇게 중도를 지키는 것이 당신이 강자로 올라서든, 약자로 떨어지든 그 아찔한 그네뛰기로부터 당신을 구해줄 것이다.

지금은 다양성이 존중받는 시대다. 또한 관계성이 중시되는 사회다. 갖가지 것들이 뒤엉키고 섞이며 갈등과 분쟁, 논란도 점차 늘어간다. 그렇기에 다른 사람의 입장을 이해하고 배려하는 것이 그 어느 때보다 절실하게 요구된다.

그렇기 때문에 '분'이 되기 위한 훈련을 시작해야 한다. 설사 강자가 되지 못하고 약자에 머무르더라도 분이 되어야 한다. 분으로 살아갈 수 있다면 강자에 다시 도전할 수 있는 가능성이 열린다. 그리고 분으로 살아가는 연습은 강자가 되기 위한 위한 과정에서 부딪히는 난관에 비하면 한결 수월하다.

세상을 살아가며 깨달은 사실이 있다. 노력만으로 강자의 자리에

도달하기 어려운 부분도 있다는 것이다. 어떤 분야는 아무리 노력해도 현실적인 한계, 사회구조적 상황, 배경, 재능, 혹은 단순히 운이 따르지 않아 약자로 남을 수밖에 없다. 물론 어떤 분야는 열심히 정진하면 가능하다. 그러나 놈이 아닌 분이 되기 위한 노력과 인격 수양은 온전히 나에게 달린 일이다. 내 의지에 따라 당장 도전할 수 있고, 일상의 소소한 실천을 통해 더 나은 '나'로 도약할 수 있다.

이 책을 통해 진정한 강자인 '쎈 분', 그리고 강자가 될 준비가 되어 있는 '약한 분'이 되는 방법을 가능한 한 구체적으로 조언하려 한다. 더불어 각 장에서 강조하는 주제에 좀 더 쉽게 몰입할 수 있도록 대중에게 가장 친숙한 매체인 영화와 함께 이야기를 풀어가는 방식을 취했다. 모쪼록 이 책이 거칠고 험난한 사회에서 고군분투하는 당신의 외줄타기에 균형을 잡아주는 역할을 하길 기대한다.

2015년 1월 허은아

차례

파트 2

당신은 약한 분인가요, 약한 놈인가요?

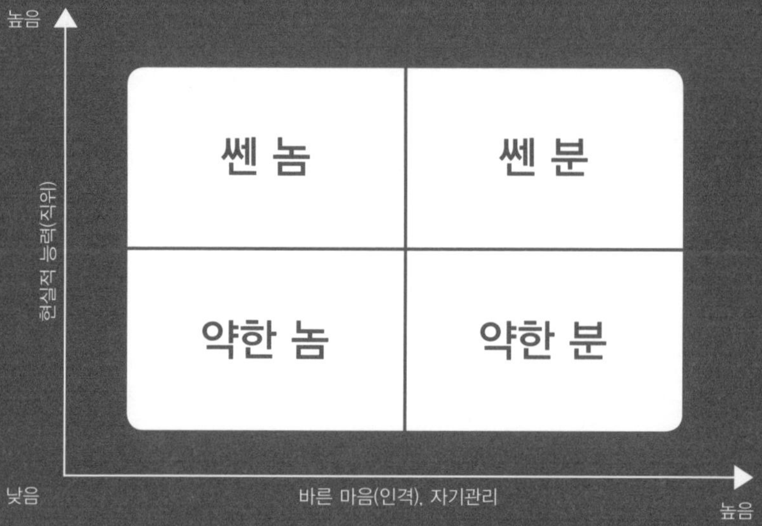
높음
현실적 능력(직위)
쎈 놈
쎈 분
약한 놈
약한 분
낮음
바른 마음(인격), 자기관리
높음

파트 1

당신은 '쎈 놈'인가요, '쎈 분'인가요?

1 의리 있는 그대

따지지 않아야 강하다

有朋自遠方來 不亦樂乎

“유붕자원방래 불역락호”

: 벗이 먼 곳에서 찾아오니 또한 즐겁지 아니한가

그를 믿고 뜻을 함께하고자 하는 벗이 먼 곳에서 찾아올 정도이니, 따르는 사람이 많다는 뜻이다. 나이 들어서도 벗이 찾아오니 당연히 기쁘지 아니할까. 『논어』 학이편에 나오는 공자의 말씀처럼 인생에서 가장 필요한 것은 친구다. 미국의 한 연구팀이 72년에 걸쳐 연구한 결과 친구 간의 우정이 남성의 장수에 영향을 미치는 결정적인 요인임을 밝혀내기도 했다. 친한 친구가 있는 사람들은 3분의 1 이상이 건강한 체력을 유지했는데, 두터운 우정이 가져다주는 행복감이 그를 건강하게 해주어 결과적으로 오래 산다는 것이다. 당신의 우정은 어떤 모습인가? 장수할 수 있을 만큼 견고하게 형성되어 있는가?

예부터 우정은 인간의 가장 고귀한 덕목으로 칭송되었다. 『삼국지』의 '도원결의'를 보더라도, 『열자』에 나오는 관중과 포숙의 이야기를 읽더라도 진정한 우정을 나누는 친구가 있다는 것이 얼마나 큰 축복인지 알 수 있다. 하지만 우정을 쌓는 일은 생각처럼 쉬운 일이 아니다. 순수한 인간관계에서 나오는 우정의 감정이 평온히 유지될 만큼 우리의 삶이 순탄하지 않은 까닭이다.

우정이라는 말을 의리로 바꾸어보면, 검은 양복을 입은 사내들이나 현란한 무술을 펼치는 중국의 협객이 떠오르는 것은 영화를 너무 많이 본 탓일까? 인간이기에 느끼는 논리 너머의 감정들, 사랑과 우정은 영화의 단골 소재다. 영화 〈신세계〉에서는 영화를 이끌어가는 두 인물의 우정을 찾아볼 수 있다. 기업형 조직을 둘러싼 경찰과 조직폭력배의 이야기는 꽤나 상투적이지만, 등장인물들의 우정까지 가볍게 여길 수는 없을 것이다. 또 부산을 배경으로 하여 "니가 가라 하와이", "많이 묵었다 아이가" 등의 명대사를 남겼던 영화 〈친구〉는 제목에서부터 느껴지듯이 친구 사이의 우정에 관한 이야기다.

조직폭력배 세력이 만든 기업 골드문의 확장을 막기 위해 경찰청 수사기획과 강 과장은 신입경찰 이자성을 골드문 조직의 일원으로 들여보내 잠입수사를 명령한다. 조직폭력배 행세를 한 지도 8년. 이자성은 골드문의 2인자 정청의 오른팔이 되고, 그동안 이자성과 정청은 친형제처럼 끈끈한 정을 나눈다. 정청은 이자성을 의심 없이 믿게 되고, 손도 못 댈 만큼 아껴주고 보살펴준다.
하지만 정작 이자성을 그 속에 심어놓은 강 과장은 이자성과의 약속을 번번이 깨며 이용만 한다. 결국 정청은 이자성의 정체를 알게 되지만 죽어가면서도 사랑하는 동생 이자성을 위해 비밀을 지킨다.

– 영화 〈신세계〉 줄거리

준석과 동수는 학창시절 친한 친구 사이였다. 고등학교 졸업 후 두 사람은 서로 다른 조직에 몸담게 된다. 준석은 폭력배가 된 후에도 친구들과 친하게 지내고 싶어했지만 어릴 때부터 준석에게 마음속 갈등이 있었던 동수는 준석의 경쟁 조직에서 중간 보스로 성장하면서 준석을 피한다. 급기야 조직 간의 다툼 중에 동수가 준석의 부하들을 잔인하게 살해하면서 둘의 관계는 파국에 이른다.

준석은 갈등이 생길 때마다 자신을 따르는 부하들을 다독거리며 묵묵히 참아냈지만 더 이상 두고 볼 수 없어 동수를 찾아가 우정에 호소하며 사태가 잠잠해질 때까지 하와이에 가서 지내라고 제안한다. 동수가 떠나지 않으면 준석은 자신의 손으로 동수를 처단해야 하는 상황이었기 때문이다. 하지만 동수는 준석이 친구로서 베푸는 마지막 배려를 단호히 거절한다.

친구를 자기 손으로 죽일 수 없었던 준석은 그 자리를 박차고 나온다. 하지만 잠시 뒤 따라 나온 동수는 준석의 부하들로부터 급습을 받고 난도질당한 채 숨을 거둔다. 그 후 준석은 경찰을 피해 도피 생활을 하던 중, 동수를 죽였다는 죄책감을 이겨내지 못하고 술집에서 난동을 부리다 경찰에 체포된다. 준석은 법정에서 변호사가 짜준 대로 진술하지 않고, 자신이 동수를 죽이도록 지시했다고 자백하여 사형선고를 받는다.

– 영화 〈친구〉 줄거리

이들 영화에서 우정 때문에 죽고 사는 정청과 이자성, 준석과 동수 같은 사람은 '쎈 분'일까? 아니면 냉철하게 상황 판단을 하지 못하고 현실을 외면한 '약한 놈'일까? 유감스럽게도 영화에서는 우정과 의리에 충실한 사람일수록 비극적 결말을 맞는 경우가 많다. 의리를 지킨다고 알아주는 세상이 아니라는 현실적인 생각이 관객들에게 더 공감을 얻기 때문일 것이다.

우리도 영화의 주인공처럼 우정을 놓고 극단적인 선택을 해야 하는 당사자가 되자는 것이 아니다. 앞서 살펴본 영화에서 주목해야 하는 것은 영화의 내러티브를 가능하게 하는 우정의 형성 과정이다.
이들은 왜 친구의 고통을 묵인하지 못하고 괴로워하며 어떻게든 친구를 책임지기 위해 최선을 다하는가?

물론 〈신세계〉에서 정청과 이자성은 험난한 조직폭력배 생활 속에서, 〈친구〉의 주인공들은 스펙터클한 학창시절의 경험 속에서 돈독한 우정을 쌓았다고는 하지만, 힘든 과정을 함께 지나왔다고 절친한 사이가 되지는 않는다.

나는 〈친구〉에 나오는 준석의 대사로 그 이유를 정리해보려고 한다.

"아이다, 친구끼리는 미안한 것 없다."

이 대사를 '부산 사나이'의 폼 나는 말로 넘기기에는 곱씹어보아야 할 부분이 있다.

고대 로마의 정치가이자 철학자 키케로는 도움을 얻기 위해 쌓는 우정을 '가난과 궁핍의 자식'이라고 했다. 이익을 바라는 인맥의 위험성을 경고하는 이 말은, 어떤 사람을 사귈지 말지를 결정할 때 그를 통해 어떤 이익을 얻을 수 있는지를 따져서는 안 된다는 것이다. 다른 사람에게 무엇을 바라기 전에 먼저 그를 도와줄 것은 없는지를 생각하는 자세가 필요하다. 주기만 해도 아깝지 않고, 항상 받기만 해도 미안해하지 않아도 되는 사이가 진정한 친구인 것이다.

앞에서 소개한 영화 속 주인공들은 끝까지 우정을 지키고 싶어했다. 손해를 본다고 해도, 희생을 한다고 해도 '친구'를 위한 선택이므로 결코 후회하지 않는다. 내가 상대를 도와줄 것이 없는지를 먼저 생각하는 진정한 '친구'인 것이다. 여러분도 이자성처럼 정청 같은 형을 갖고 싶은가? 그렇다면 먼저 인품을 쌓고 믿을 수 있는 사람이 되어 미안해하지 않아도 되는 진정한 우정을 쌓는 것부터 시작해보자.

강한 놈들의 인맥 맺기 함정에서 벗어나기

며칠 전 어떤 사람이 내게 물었다.
"당신에게 가장 소중한 사람은 누구입니까?"
나는 주저 없이 "엄마"라고 대답했다. 그는 답이 아니라고 했다. "그럼, 나 자신?" "아니면 통찰을 주는 예술가?"
나는 계속 틀렸다. 답은 '지금 접촉하고 있는 사람'이었다.
– 톨스토이의 우화, 〈세 가지 물음〉 중

우정과 의리로 서두를 열었지만 이 장에서는 사람과 사람 사이의 관계 맺기, 인맥에 관한 이야기를 풀어가고자 한다. 사회생활을 하면서 가장 많이 부딪히고 고민하게 되는 것이 인간관계다. 따라서 성공적인 사회생활의 열쇠는 친구 같은 인맥 맺기에 있다고 해도 과언이 아니다.

인맥에 대해 생각하기에 앞서, 그 대상은 누구인지 따져보자. 대다수의 인간관계에 내재된 핵심은 현재성이다. 이웃사촌이 먼 친척보다 낫다는 말이 있다. 현재 나의 일상을 함께 공유하는 누군가가 관계 맺기의 주인공들이다. 그런데 나이가 들수록 자주 보는 사람인데도 친구처럼 편안하게 지내기가 어려운 경우가 많다. 휴대전화 연락처에는 이름이 가득하다. 나를 도와줄 사람이 많으면 얼마나 든든할까 싶어 사람을 자꾸 만나지만 마음은 공허하기만 하다. 우정보다는 목적에 따라 사람을 만나고, 실리에 따라 움직이는 사회이기에 친구보다는 그저 안면을 튼 '아는 사람'이 많을 뿐이다. 누구를 만나도 속마음을 털어놓기가 힘들다.

따라서 무분별한 인맥 만들기의 함정에서 벗어나야 한다. 나 또한 한때 그런 착각을 하며 산 적이 있었다. 거기서 헤어 나오게 해준 계기 중 하나가 2009년부터 2012년까지 방송된 〈MBC 희망특강 파랑새〉라는 프로그램이었다. 나는 이 프로그램에서 많은 것을 얻었다. 누구나 만나보고 싶어하는 분들을 만나 관계를 맺어갈 수 있는 기회를 가졌고, 고정출연을 하며 각 분야에서 성공한 사람들을 직접 만나 인터뷰를 하면서 그들의 성공 키워드를 발견할 수 있었다. 그 덕분에 어느 누구보다 깊이 있고 현실적인 콘텐츠를 쌓아갈 수 있었다. 그런데 그런 표면적인 성과보다는 오히려 그 과정에서 겪은 작은 상처가 나에게 더 많은 것을 주었다.

사건은 이렇다. 인터뷰의 주인공이 지휘자 금난새 선생님이었다. 나는 그전에 금난새 선생님과 함께 같은 테이블에서 식사를 한 적도 있었고, 그분이 직접 사인해주신 책을 선물로 받은 적도 있었다. 그래서 함께 인터뷰를 하러 가는 PD에게 그분을 잘 알고 있고 이번 만남이 기대된다며 자랑까지 해둔 터였다. 그런데 막상 반갑게 인사하는 나를 선생님은 알아보지 못하는 것 같았다. 조금 무안해진 나는 기억을 떠올리실 수 있도록 애를 써보았다.

"선생님, 저번 포스코 임원들과 함께 식사할 때 뵈었었지요?"
"아, 그랬나요? 그게 언제였지요?"

잠시 정적과 함께 어색한 시간이 흘렀다. 그리하여 나는 10여 분 동안 그분에게 예전에 만났던 일을 설명했지만, 아쉽게도 그분은 전혀 기억하지 못하는 듯했다. 물론 내가 무안하지 않도록 애쓰셨지만 말이다.

그 순간 나는 '잘 아는 사이'라는 착각의 늪에서 빠져나왔다. 돌이켜보면 누구나 흔히 겪는 일이다. 그런데도 나는 오랫동안 나를 먼저 알아봐주는 사람들과 함께 지내다 보니 인맥에 대한 잘못된 믿음을 쌓아왔던 것이다. 많은 사람들은 함께 식사하고 명함을 주고받고 이야기를 나누면 "나 저 사람하고 잘 알아" 하며 소위 '아는 사이'라고 말하지만, 실제로는 관계를 맺을 당시의 상황과 각자가 처한 입장과 위치에 따라 관계 맺기의 정도는 천차만별인 것이다.

내가 겪었던 일화에서 알 수 있듯이 어떤 만남에서는 식사를 한다거나, 의미 있는 선물을 주고받는 등 나름대로 관계 맺기의 과정을 거친 후에도 '아는 사이'조차 되기 어려울 때가 있다. 내가 약자일 경우에는 그를 생생히 기억하지만 상대는 아닐 수 있다는 것이다. 그래서 단순한 호의조차 받지 못하는 경우도 허다하다. 어떤 의미 있는 경험을 함께하지 않은 사람이라면 철저히 모르는 사이라고 정의 내린 후 관계를 풀어나가는 게 현명한 일인지도 모른다.

그렇다면 여기까지 도달한 우리에게 남은 단어는 '이해득실' 하나일까? 바쁘고 복잡한 사회에서 나에게 실익을 가져다주지 못하는 사람을 기억하지 못하는 것은 당연한 일일까? 왜 인맥을 쌓으려 하는지 근본적인 질문을 다시 던져보자.

인맥 맺기에 혈안이 된 사람들에게는 공통점이 하나 있다. 인맥 자체를 성공하기 위한 수단으로만 본다는 점이다. 그들은 '무조건 도움을 얻기 위해', 혹은 '지금 내가 하고 있는 일이 더 잘되도록' 하기 위해 인맥이 필요하다. '좋은 인맥이란 무엇인가'라고 물어도 비슷한 대답이 돌아온다. '나를 도와주는 사람', '나를 이끌어주는 사람', '어려울 때 힘이 되는 사람'이라는 대답이다.
이러한 생각의 바탕에는 나의 입장이 있을 뿐이다. '나를', '나를 위해서', '내가 어려울 때'라는 말 자체가 이미 그렇다. 대부분의 사람들은 인맥을 활용하거나 이용하기 위해서 누군가와 관계를 맺으며, 그 주체는 바로 자기 자신이다. 그리고 이 생각이 거꾸로 인맥 맺기를 방해하는 가장 높은 벽이 된다.

누군가 자신을 위해서 뭔가 해주기를 바라지만 현실에서 쉬운 일이 아니다. 이런 사고방식을 가진 사람은 인맥을 넓히거나 공고히 하기 힘든 부류라고 단정할 수 있다. 당신이 지금 인맥이라고 생각하는 사람들은 진정 당신의 인맥일까? 혹은 당신이 그들을 인맥이라고 생각하는 만큼, 그들도 당신을 자신의 인맥이라고 생각할까?

한두 가지 부탁을 들어주는 관계 정도를 가지고 진정한 인맥이라고 말할 수 없다. 인맥이 아니더라도 어느 정도 사회생활에 익숙한 사람이라면 그 정도의 부탁은 그리 어렵지 않게 들어줄 수도 있기 때문이다. 진정한 인맥이라면 당신이 심각한 어려움에 처했을 때, 기꺼이 당신을 도와줄 수 있어야 한다. 그래야 진정한 인맥이다. 당신에게 그러한 사람이 있는가? 만약 그런 사람을 다섯 손가락으로 꼽을 수 없다면, 그동안 인맥에 대한 잘못된 접근 방법과 태도를 가지고 사람들을 만난 것은 아닌지 돌아볼 필요가 있다.

나는 관계 맺기에 어려움을 겪는 사람들에게 그 해법으로 '인맥 디자인'이라는 말을 제안한다. 인맥 디자인은 인맥을 맺고자 하는 상대를 고려해 자연스럽고 부드럽게 관계를 맺는 방법을 뜻한다. 이제는 인맥을 만들지making 말고 디자인design을 하자.

순수한 사랑이 써진 분이다

: 수평적 관계 형성을 위한 인맥 디자인

불교는 중생에게 여러 가지 수행의 길과 도를 안내하는 종교다. 중생의 궁극적인 목적은 수행을 통해 스스로 부처가 되는 것이다. 그렇게 해야만 해탈을 할 수 있고, 이를 통해 고통이 없는 영원한 세상으로 들어갈 수 있다. 수도자들이 수행하는 과정에서 마주치게 되는 정언이 있다고 한다.

"수행의 과정에서 부처를 만나면 부처를 죽여라."

부처가 되기 위한 길에서 부처를 만났는데 왜 부처를 죽이라는 것일까. 수행을 하는 과정에서 부처라는 존재 자체가 부처가 되는 길을 막기 때문이다. 그 깊은 뜻을 간단히 정리하기는 어렵지만 내식대로 해석해보자면, '과연 내가 부처가 될 수 있을까' 하는 의구심이 오히려 부처가 될 수 있는 길을 방해한다는 의미가 아닐까.

이는 사회생활에서도 그대로 적용할 수 있다. 인맥의 활용과 이득이 본래 목적이라 하더라도 그것을 염두에 두고 사람을 만난다면 진정한 인맥을 쌓을 수 없다는 말이다. 진정한 인맥을 원하는가? 그렇다면 마음속

계산기를 내려놓고, 그 사람에 대한 순수한 호감과 호기심을 가지고 다가가라. 부처를 만나면 부처를 죽여야 하듯이, 인맥을 맺는 과정에서는 인맥에 대한 기존의 개념을 잊어버려야 한다.

아무리 잘났다고 해도 지나치게 자기중심적인 사람은 친구가 없다. 누군가가 당신에게 다가오면서 '당신 덕 좀 보겠다'는 태도를 보인다면 과연 당신은 그 사람을 진정한 인맥으로 받아들일 수 있겠는가? 다시 말하지만 나에게 없는 무언가를 바라고 그것을 얻어내기 위해 접근하는 태도 자체가 관계 맺기의 가장 큰 걸림돌이 된다.

그래서 인맥은 수직적 관계가 아니라 수평적인 관계가 되어야 한다. 인맥은 상호 커뮤니케이션으로 완성된다. 일방적인 의사소통으로는 인맥이 형성되지 않는다. 관계란 사람과 사람 사이의 감정 나누기다. 우리는 누군가를 사랑할 때 한 가지 통념을 가지고 접근한다. 내가 사랑하는 만큼 상대도 나를 사랑해야 관계가 이루어진다는 생각이다. 그 사랑이 일방적이라면 짝사랑과 스토킹이 되고 만다. 인맥도 마찬가지다. 나 혼자 원한다고 해서 인맥이 만들어지지 않는다. 상대가 청해와도 내가 내키지 않으면 역시 관계는 형성되지 않는다. 서로 상대에게 매력을 느낄 때 비로소 진정한 인맥 맺기가 시작된다.

그런데 인맥에 관한 많은 담론들이 이러한 상호 커뮤니케이션을 염두에 두지 않고, 단순한 테크닉과 스킬을 전수하는 데 그치곤 한다. 특히 인맥을 맺고 싶어하는 사람의 입장에서만 관계를 바라보고 상대의 관점과 욕구는 크게 염두에 두지 않는 경우가 많다. 이런 방식의 테크닉과 스킬은 때로 치명적인 약점을 노출한다. 예를 들어보자.

A는 지금 다양한 분야의 인맥이 필요하다. 더 폭넓은 사회적 관계망을

통해서 자신의 능력을 펼쳐 보이고 싶기 때문이다. B는 A의 이러한 필요와 욕구를 해결해줄 수 있는 사람이다. 이렇게 보자면 B는 A가 갖지 못한 것을 분명히 가지고 있거나 또는 더 많은 사회적, 경제적 능력을 가지고 있다고 볼 수 있다. 따라서 A가 B와 인맥 맺기를 원하는 것은 당연한 일이다.

이 사례에서 A의 간절함은 충분히 이해할 수 있다. 그렇다면 B는 어떨까. B도 과연 A와 인맥을 맺고 싶어할까? 지금까지 많은 인맥 담론들은 바로 이 B의 입장을 간과하고 있다. A의 입장에서 아무리 갖가지 기술을 발휘해 B에게 접근해도 B가 필요성을 느끼지 못하면 관계는 껍데기에 머물거나 아예 형성되지 않는다. 그리고 B에게 갖은 공을 들였음에도 불구하고 결정적 순간에 B는 무심한 타인 중 한 명이 될 뿐이다.

이제는 인맥도 디자인해야 한다. 인맥을 디자인한다는 건 무슨 말인가?

'놈'이 아닌 '분'이 되어야 한다. 인맥 맺기의 고수는 특별히 인위적인 노력을 기울이지 않고 인맥을 만들어가는 사람이다. 그는 자연스럽고 조화된 디자인처럼 타인과 어울리고 그들 속으로 스며들어간다.
아름다운 디자인을 보면 마음이 편안해지고 정감이 간다. 또한 그러한 디자인은 나름대로 개성도 있어 보는 사람을 끌어들이는 강렬한 힘을 가지고 있다. 누구든 마음에 꼭 드는 디자인의 제품을 본다면 무리를 해서라도 지갑을 열 것이다. 물론 실력 없는 디자인은 이 빠진 잇몸이다.
인맥 디자인도 마찬가지다. 인맥 형성 자체에 목적을 두지 말고 자신의 매력을 꽃피운 채 사람들과 자연스럽게 어울리고 만나야 한다. 그러면 저절로 인맥이 형성될 것이다.
이와 관련하여 강조하고 싶은 것이 또 하나 있는데, 바로 '조화'다.
디자인은 수동적인 만들기와는 다른 개념이다. 스마트폰이나 노트북 같은 최신 전자기기에서 특히 두드러지는 특징으로, 잘 팔리는 제품은 디자인이 전체적으로 조화를 이룬다. 색깔 하나 로고 하나, 그리고 버튼이 다 제각각인 듯 보여도 전체가 조화롭게 통일되어 있다. 사람과의 관계에서도 마찬가지다. 인맥을 잘 가꾸는 사람은 그의 인맥 네트워크와 자연스러운 조화를 이루고 있다. 시도 때도 없이 자주 전화를 걸어 상대를 부담스럽게 만들지도 않고, 빈번하게 식사를 하자고 조르지도 않는다. 또한 'give and take', 즉 '받기 위해 주고, 받으면 반드시 주는' 억지스러움도 없다. 그저 자연스럽게 어울리고 그 과정에서 탄탄하고 강인한 인맥이 형성되는 것이다.

인맥 디자인에는 중요한 두 가지 하위 개념이 있다. '브리지 피플Bridge People'과 '퍼스널 브랜딩Personal Branding'이 그것이다. 인맥 디자인은 이 두 가지 콘셉트에 의해 완성된다. 브리지 피플은 멘토와 비슷한 개념이라고도 볼 수 있다. 그들은 폭넓고 질 높은 인맥으로 다가가는 다리Bridge이자 대동맥 같은 역할을 한다. 호랑이 등에 타면 호랑이처럼 빨리 달릴 수 있다는 말이 있다. 비록 호랑이처럼 빠르지 못할지라도 호랑이 등에 타는 지혜가 필요하다. 이런 의미에서 브리지 피플은 호랑이 등에 비유할 수 있다. 많은 사람을 아는 것보다 제대로 된 한 사람이 나의 인맥을 더 단단하게 해줄 것이다. 이 사람 저 사람을 만나기 위해 시간을 낭비하지 말자. 이제는 통하는 브리지 피플과 깊이 있는 우정을 쌓기 위해 시간을 써야 한다.

그럼 퍼스널 브랜딩은 무엇일까? 운 좋게 브리지 피플을 만났다 하더라도 나 스스로가 관계 맺기에 적절한 호감과 매력을 가지고 있지 못하면 아무 소용이 없다. 앞서 나는 수평적 관계의 중요성을 이야기했다. 지금 내가 '약한' 사람이라면 '센' 사람을 인맥으로 만들어도 평등한 관계를 맺지 못한다. 그렇다고 약한 내가 하루아침에 강자가 되는 것은 불가능하다.

그렇다면 '약한 놈'이 아닌 '약한 분'이 되는 전략을 사용해야 한다.
이 전략의 핵심이 바로 퍼스널 브랜딩이다.

브랜딩은 기업의 개념에서는 브랜드가 고객의 마음속에 깊은 인상을 남길 수 있도록 이미지화하여 긍정적 평판과 충성심을 높이도록 하는 작업이다. 퍼스널 브랜딩은 기업의 브랜딩 과정을 개인에게 적용하는 것으로, 한 개인의 매력적인 모습을 찾아내어 타인에게 긍정적인 인상을 줄 수 있도록 브랜드화하는 작업을 말한다. 즉 인맥을 맺고자 하는 상대에게 어필할 수 있는 매력을 갖춘 상태에서, 상대를 이용하려는 의도가 아닌 순수한 친구가 되고자 하는 '분'의 마음가짐으로 브리지 피플의 도움까지 받을 수 있다면 든든한 인맥 맺기에 성공할 수 있다. 퍼스널 브랜딩은 인맥만이 아니라 개인이 성장하는 데도 매우 중요한 역할을 하므로 다른 장에서 좀 더 자세히 설명하겠다.

당당한 '분'들의 인맥 디자인 노하우

: 'DON'T & JUST'의 다섯 가지 법칙

앞에서 인맥 디자인을 위한 일반적인 접근 방법을 이야기했다면, 지금부터는 구체적인 방법을 하나하나 살펴보고자 한다. 기존의 방법론이 의도적, 의식적, 목표 지향적이었다면 이 새로운 방법론은 전혀 그렇지 않다. 의도적이지 않고, 의식적이지 않으며, 명확한 목표를 세우지도 않는다. 말 그대로 '그저JUST' 하는 것이다.

1. Don't Thinking, Just Play with Them

생각하지 말고 즐겨라.

—

'아무 생각 없다'는 말은 따끔한 비난의 뜻으로 쓰이는 경우가 많지만 인맥에 있어서만큼은 유효적절한 조언이다. '불알친구'라는 말이 있다. 남자끼리의 깊은 우정을 표현하는 말이다. 어릴 때부터 동네에서 뛰놀며 쌓은 관계다. 남자들의 세계에서는 나이가 들고 나서도 이 인맥이 강력한 힘을 발휘한다. 따지고 보면 불알친구는 어린 시절의 추억 말고는 서로를 생각해줄 어떤 이유도 없다. 그런데도 이 관계는 왜 위력적일까?

내가 아는 기자의 이야기를 해볼까 한다. 그는 자유기고가로 잡지사나 사보 편집장의 부탁을 받고 원고를 써주었다. 취재 기사에는 사진이 들어가는 경우가 많아 사진작가와 동행하는 일이 종종 있다. 당시 두 사람은 20대의 젊은 나이였지만 일로 만나서인지 금방 친해지지는 못했던 모양이다.

그러다가 하루는 지방 취재를 같이 가게 되었다. 취재 아이템은 '옛길을 찾아서'였다. 조선시대 보부상들이 다녔던 옛길을 찾아 시골의 산길을 굽이굽이 돌아다녀야 했다. 때는 한창 더운 8월이라, 아무리 에어컨이 나오는 차를 타고 이동을 한다지만 고생이 적지 않았다. 한번은 어렵사리 산 중턱까지 올라갔는데 길이 끊어져 있었다. 난감하고 허탈한 심정을 달래던 차에 작은 저수지가 눈에 들어왔다. 깊은 산속에서 내려오는 맑고 차가운 물이었다. 기자와 사진작가는 아직 서먹한 사이임에도 불구하고 옷을 벗어던진 채 어린아이처럼 물속으로 뛰어들어 한바탕 물놀이를 즐겼다.

이 추억 덕분일까? 두 사람은 금세 친한 사이가 되었고, 나중에는 함께 책까지 낼 정도로 끈끈한 인맥을 형성했다. 그 뜨거운 여름날의 즐거웠던 추억이 그들을 묶어주는 단단한 끈이 되었던 것이다. 그날 두 남자가 했던 것은 오직 저수지 물속으로 뛰어 들어가 즐긴 것밖에 없었다. 그런데 그 경험이 몇 십 번의 회의나 형식적인 술자리보다 중요했던 셈이다. 즐거운 자리에서 함께 즐거움을 나눌 때는 상대를 계산적으로 바라보지 않고 서로 순수하게 대하게 된다. 이 과정에서 진정한 신뢰가 싹튼다.

의리 있는 인맥을 맺는 방법 중의 하나는 이렇게 목적의식 없이 함께 노는 것이다. 취미가 같으면 더할 수 없이 좋을 것이다. 술을 좋아하면 함께 술을 마시고, 노래를 좋아하면 함께 노래를 부르고, 스포츠를 좋아한다면 스포츠를 함께 즐기는 것이 인맥 맺기의 첫걸음이다.

당신이 누군가와 의리 있는 인맥을 맺고 싶다면, 아무 생각 없이 그와 오래된 친구처럼 즐길 수 있는 재미있는 일을 찾아보라. 시간이 충분히 흐르고 나면 두 사람의 관계는 어느새 강한 끈으로 연결되어 있을 것이다. 그런 친구 사이라면 상대가 어려움에 빠져 있을 때 기꺼이 도움을 주기 위해 나서게 될 것이다.

인맥 디자인의 제1원칙인 '생각 없이 단지 즐기라'는 인맥을 만드는 가장 기초적인 방법이다. 처음부터 왠지 부담스러운 관계는 끝까지 부담스러울 수밖에 없다. 낯선 상대를 만나는 것 자체도 부담스러운 일인데, 거기다가 끊임없이 상대에 대해 생각하고 계산된 행동을 하고 지나친 배려를 하게 되면 불편함을 느끼게 마련이다. 당신이 즐겨야 상대도 즐길 수 있다는 것을 잊지 말자.

2. Don't Manage, Just Give Knowledge
관리하지 말고 정보와 지식을 주라

일이 아닌 이상 누군가를 관리하려는 의도는 어떤 경우에도 동의하기 어렵다. 정기적인 전화와 의도적인 만남 같은 행동은 상대에게 목표 지향적이라는 인식을 심어주기 때문이다. 관리하지 않고 도대체 인맥을 어떻게 유지하냐고? 한 컨설턴트의 이야기를 들어보자.

40대 초반의 A씨는 유명 컨설팅 회사를 오랫동안 다니다가 독립하여 자신의 회사를 설립했다. 하지만 그가 예전에 유명한 회사에 있었다는 사실만으로 컨설팅 업무가 저절로 굴러들어오지는 않을 것이다. 사장이 되었다면 열심히 영업을 해서 일을 물어와야 한다. 그런데 A씨는 전혀 영업을 하지 않았다. 사람을 만나도 자신의 화려한 프로필을 보여주면서 일을 따내려고 하지 않았고, 그 흔한 블로그나 웹사이트를 운영하는 것도 아니었다. 한마디로 아무것도 안 하는 것처럼 보였다.
그런데 재미있는 사실은 회사를 설립하고 2~3개월이 지나면서부터 일거리가 끊이지 않는다는 것이다.

A씨의 비결은 무엇일까? 실력이 뛰어나서일까? 물론 실력은 기본이지만 업계에서 A씨가 가진 영향력이 그 정도로 압도적이지는 않았다. 그에게는 남다른 비결이 있었다. 그는 아주 독특한 방식으로 영업을 한다. 그는 예전에 알던 지인이 있거나 혹은 소개를 받아 새로운 사람을 만나게 되면 먼저 그 사람의 비즈니스가 어떤 것인지 자세하게 파악한다. 상대가 어떤 면에서 어려움을 겪고 있으며, 그 원인이 무엇인지를 면밀하게 파악한다.

그런 다음 A씨는 상대에게 지금 겪는 어려움의 원인이 무엇이고, 어떻게 해야 위기를 벗어날 수 있으며, 더 나아가 어떻게 해야 그의 비즈니스가 더 발전할 수 있는지를 조언해준다. 그는 이런 일을 아무 사심 없이 하며, 이러한 대화는 부담 없는 식사 자리나 술자리에서 이루어진다. A씨는 상대에게 전혀 부담을 주지 않으면서도 자신이 하고 싶은 말을 스스럼없이 한다. 상대는 자기 일처럼 성심성의껏 분석하고 조언해주는 A씨의 마음 씀씀이에 감동할 수밖에 없다.

그다음에 다시 만나도 A씨는 같은 태도를 취한다. 사업이 조금 나아졌는지, 자신이 말해준 내용을 꾸준히 실천하고 있는지를 확인하고 이번에도 유용한 조언을 해준다. 물론 A씨는 꽤 순발력이 뛰어난 사람이기에 상대가 하는 말의 이면까지 헤아려 충고를 해주곤 한다. 이쯤 되면 상대는 드디어 결정적인 말을 꺼내게 된다.

"자네가 그렇게 잘 알고 있고 직업도 컨설턴트이니, 자네가 나를 좀 도와주게. 비용은 얼만가?"

A씨는 전혀 영업을 하지 않는 듯하면서도 영업을 하여 자연스럽게 일거리를 수주한 것이다. 이러한 방식을 '컨설팅식 영업'이라고 한다. 상대에게 무엇이 필요한지를 지속적으로 조언(컨설팅)해주다 보면 자연스럽게 영업이 되는 것이다. 컨설팅식 영업은 고차원의 영업활동에 속한다.

일의 수주를 놓고 주변의 경쟁자들과 다투어야 할 때에는 가격을 낮춤으로써 경쟁력을 확보하려는 경향이 있다. 하지만 이런 방식은 제살 깎아먹기나 다름이 없고 업계의 물을 흐리는 것이다. 당장 일을 수주할지는 모르겠지만 장기적으로는 더 이상 가격을 올릴 방법을 찾지 못해 제풀에 꺾이는 경우가 허다하다. 하지만 '컨설팅식 영업'은 다르다. 지식과 정보의 우위 상태에서 일을 수주하는 동시에 상대의 신뢰까지 확보할 수 있다.

인맥을 맺는 일도 비슷하다. 상대에게 무엇이 필요한지, 무엇 때문에 어려움을 겪고 있는지를 파악하여 조언하고 충고하고 정신적인 힘이 되어주면, 상대가 먼저 당신을 찾게 마련이다.

지식과 정보를 주는 컨설팅식 인맥 맺기를 하게 되면 좋은 점이 또 있다. 앞에서도 살펴본 바와 같이 '우위에 선 관계'가 될 수 있다는 것이다. 상대가 필요로 하는 것을 내가 가지고 있다면 관계가 수월하게 풀리게 마련이다. 우위에 서서 거만하게 상대와 관계를 맺으라는 이야기는 절대 아니다. 관계의 주도권을 쥐고 효과적이고 능동적으로 수평적인 인맥을 맺어가라는 의미다.

3. Don’t Flattery, Just Became Friendship

아부하지 말고 친구가 되어주어라

—

자신보다 나이가 많은 사람과 인맥을 맺는 과정에서 흔히 저지르게 되는 실수가 있다. 상대에게 좋은 얘기만 늘어놓는 것이다. 물론 상대의 기분을 맞춰주고 그에 적절하게 대응하는 것이 나쁘지는 않지만, 아부가 인맥 형성을 위한 중요한 수단이라고 생각하는 사람도 있다. 하지만 명민하고 예민한 사람들은 상대의 태도가 아부인지 아닌지를 금방 알아차린다. 또한 그들은 아부를 일삼는 사람과는 되도록 가까이하지 않으려고 한다.

인맥을 맺는 데 나이는 전혀 문제가 되지 않는다. 상대가 나보다 나이가 더 많을 수도 있고 적을 수도 있다. 이런 경우 허물없이 지내는 사이라기보다는 서로 의지할 수 있는 관계가 된다. 사실 나이가 어린 사람일수록 나이를 따지는 경향이 강하다. 원숙한 사람은 나이가 중요하지 않다는 것을 알기 때문에 상대가 어리다고 함부로 대하거나 무시하지 않는다. 오히려 자신보다 나이가 어린데도 깍듯이 존댓말을 쓰고 예의 바르게 행동한다.

한국 사회는 유난히 나이에 대한 편견이 있다. 나이가 많은 사람은 무조건 공경을 받아야 하고 뭐든지 잘해야 한다고 생각한다. 나이가 들어도 못하는 것이 있고 또한 아랫사람에게 의지할 부분도 있다. 이러한 현실 자체를 이해하지 않으려는 사람은 인맥을 맺을 만한 위인도 되지 못한다. 따라서 나이와 상관없이 친구가 될 수 있다면 진정한 인맥은 바로 그때부터 시작된다고 해도 과언이 아니다.

중국 사람들은 비즈니스를 하기 전에 친목부터 도모한다. 그들은 큰 맥주잔에 독한 고량주를 가득 부어 건배를 외치면서 이렇게 말한다.

"사업을 하기 전에 친구부터 됩시다! 先交朋友 后谈生意"

이것은 무슨 말일까. 사업은 복잡하고 고도의 테크닉이 필요하다는 점에서 예술과도 같다. 그 어려운 사업을 같이 하려면 우선 마음이 맞아야 하고, 서로 친구가 될 수 있는지를 검증해보아야 한다는 이야기다. 이는 앞서 살펴본 제1법칙 'DON'T & JUST'와도 일맥상통한다. 친구가 되는 것 역시 한 사람의 노력만으로 되는 일은 아니다. 서로 어울리고 즐기는 과정에서 자연스럽게 친구가 될 수 있는 것이다.

중국인에 대한 이야기를 하나 더 하고 넘어가자.
중국에서 사업을 한 지 7년째인 사업가의 이야기다.

"중국인들은 절대로 신뢰가 쌓이지 않으면 사업을 같이 하지 않습니다. 제가 아는 중국인은 무려 5년 동안이나 저를 탐색하더라고요. 물론 겉으로는 친한 척하면서 술도 먹고 하지만 단 한 번도 나를 형이라고 부르지도 않고 사업 제의도 하지 않았죠. 그러다 어느 날 앞으로 제가 형님으로 부르겠습니다, 라고 하더니 드디어 같이 사업을 하자고 하더라고요. 5년이나 지켜보며 상대를 완전히 신뢰하기 전에는 절대로 일을 같이 하지 않는 중국인들의 비즈니스 마인드는 대단했습니다."

어설프게 맺어진 인맥이 아닌 철저한 신뢰를 바탕으로 한 관계는 오래 갈 뿐만 아니라 안정적이다. 아부를 하여 얻을 수 있는 것은 순간의 달콤함뿐이다. 진실한 친구가 되었을 때, 그래서 뿌리 깊은 나무와 같은 우정이 생겼을 때 비로소 흔들리지 않는 인맥 관계가 시작된다.

4. Don't Self-Paise, Just Show Your Actual Results

강요하지 말고
결과로 보여주어라

—

당신은 과정을 중요시하는가, 아니면 결과를 중요시하는가? 결과도 중요하지만 이보다는 최선을 다한 과정이 더 중요하다고 말하는 사람도 있고, 반대로 과정보다는 결과가 모든 것을 말해준다고 하는 사람도 있다.

인맥의 방법론에서는 과정보다 결과가 중요하다. 굳이 비즈니스 자리가 아니더라도 사람과 사람 사이의 만남이 있고 대화를 하다 보면 약속이 생기게 된다. 사소한 것일 수도 있고 중요한 것일 수도 있다. 간단하게는 '맛있는 음식점을 소개해달라'는 부탁에서부터 '특정 분야에 아는 사람이 있느냐'라는 물음이 모두 약속에 속한다. 별 뜻 없이 그냥 물어보는 것일 수도 있고 정말 필요해서 물어보는 것일 수도 있다.

이때 중요한 것은 아주 사소한 약속이라고 할지라도 반드시 결과를 보여주어야 한다는 점이다. 이렇게 결과를 중요시하는 것은 상대에게 믿음을 주고자 하는 마음 때문이다. 즉 '저 사람은 반드시 실천을 하는군', 혹은 '어떻게 해서든 결과를 만들어내는 저 사람과는 뭐든지 함께 할 수 있어'라는 긍정적인 이미지를 주기 때문이다. '나를 믿어달라', '나는 뭐든지 할 수 있다'는 말은 상대에게 아무런 영향을 미치지 못한다. 말만 늘어놓고 행동하지 않는다면 최악이다. 결과를 만들지 못할 거라면 아예 말을 하지 않는 것이 낫다.

내가 아는 40대 남성은 늘 자신이 무엇을 할 것이며, 그것을 언제까지 어떻게 이루겠다고 말한다. 대부분 사업적인 면에서,

또 한편으로는 개인적인 생활의 영역에서 스스로 하는 다짐과 계획이다. 자기 확신과 마인드 컨트롤이라는 면에서는 좋은 습관일 수 있다.
그러나 문제는 그가 대부분은 지키지 않는다는 것이다.
물론 나름의 핑계가 전혀 없는 것은 아니다.
듣고 보면 고개가 끄덕여지는 부분도 있다.
하지만 이뤄놓은 결과물이 없으니, 그의 말을 신뢰하기 어려워지는 건 어쩔 수 없다.

이런 일이 반복되면 어떻게 될까. 그 사람이 아무리 좋은 계획을 세우고 도와달라고 부탁해도 그저 심드렁하게 반응하게 된다. 남 앞에서 내뱉은 말이라면 양치기 소년이 되지 말고 작은 약속부터 지키는 모습을 보여주어야 한다. 이는 연애에서도 통용되는 방법인데, 그냥 넘어갈 것 같은 약속을 기어코 지켜냈을 때 상대는 깊이 감동한다.

5. Don't Take, Just Give

받지 말고 주어라

—

앞서 언급한 내용이지만 좀 더 자세히 설명하고자 한다. 많은 사람들이 특히 비즈니스 인맥을 'Give & Take' 관계라고 말한다.
당연한 말이고, 인맥에 관해서는 불변의 법칙이라고 해도 과언이 아니다. 비즈니스 인맥은 철저한 계산의 결과물이기 때문이다. 그러나 Give & Take보다 더욱더 강력한 인맥 맺기 방법이 'Just Give'다. 아예 받을 생각을 하지 말고 무조건 주라는 이야기다. 때로는 작은 경제적인 도움이 될 수도 있을 것이고, 심리적 안정, 훌륭한 조언, 그리고 사소한 인맥 소개나 일처리에서의 도움이 될 수도 있다. 더구나 자신이 충분히 받을 만한 위치에 있음에도 불구하고 받지 않을 때의 그 놀라운 힘은 경험해본 사람만이 알 것이다.

방송인 K씨는 마당발로 유명하지만 그보다는 남을 도와주는 사람으로 더 잘 알려져 있다. 그가 봉사단체에 큰돈을 기부하거나 어려운 사람을 돕기 위해 몸으로 일을 하는 것은 아니다. 그저 주변 사람이 어려움에 처하거나 도움이 필요한 경우 두말없이 도와준다. 그가 가진 더 큰 미덕은 다른 사람을 도우면서도 생색을 내거나 또는 은근히 자랑하는 일 따위는 하지 않는다는 점이다. 예를 들면 이런 식이다.

K씨의 매니저 H씨는 급하게 돈이 필요했다. H씨는 이런 사정을 지나가는 말로 했을 뿐 돈을 빌릴 생각은 하지 않았다. H씨는 자신의 힘으로 돈을 일부 구하기는 했지만 부족했다. 할 수 없이 K씨를 만나서 부탁할 요량으로 전화를 걸었다. 힘없는 그의 목소리에서 이미 눈치를 챈 K씨는 돈을 준비해서 약속 장소에 나갔다. 그리고 돈을 건네주고는 바쁜 일이 있다며 얼른 자리를 떴다. K씨의 이러한 행동에 대해서 H씨는 고마운 마음이 들 수밖에 없었고, K씨에게 더욱더 충성을 다하게 된다.

돈이 많은 사람만 남에게 베풀 수 있는 것은 아니다. 우리가 상대에게 줄 수 있는 것은 돈에 국한되지 않는다. 때로는 진심 어린 한마디가 큰 힘이 되기도 한다. 중요한 것은 상대가 처한 어려움을 미리 알고 기꺼이 도와주는 것, 그리고 도움을 준 것에 대해서 내색하지 않고 공치사도 받으려 하지 않는 태도다.

"내 마음은 그럴 만큼 여유가 있지 않다고요." 이렇게 말하는 사람에게 비밀을 하나 더 공개하겠다. 'Just Give'가 가진 힘의 진짜 비밀은 무엇일까. 일종의 부채감이다. 사람은 무한히 이기적인 것 같지만 받은 만큼 돌려주고 싶어한다. 여기서 포인트는 그 보답을 즉각 하지 않는 편이 더 좋다는 것이다. 보답이 바로 이루어지지 않았을 때 상대는 항상 나를 도와줄 기회를 기다리며 방법을 찾기 때문에 그 과정에서 상대와 나는 정서적으로 친밀한 관계가 될 수 있다. 그저 주라는 말이 싫다면, 상대를 빛지게 만든다고 생각하자.

Point

- 의리 있는 인맥은 만들고 싶다고 만들어지는 것이 아니다. 자연스러운 관계 맺기부터 시작하라.
- 상대에게 부담을 주지 마라. 서로 맞지 않으면 쿨하게 돌아서라.
- 즐거운 취미로 소통하고, 상대에게 도움을 줄 수 있는 일을 찾아라.
- 그냥 흘리듯이 한 약속도 반드시 지키는 모습을 보여주어라.
- 'Give and Take'가 아닌 'No Take, Just Give', 즉 받지 말고 그냥 주어라.

2 콤플렉스를 가진 그대

VS

'놈'들처럼 살지 말자

사람은 누구나 한두 가지 콤플렉스를 가지고 있다. 외모 등 신체적 특징부터 가정환경, 학벌, 경제력 등등. 정도의 차이가 있을 뿐 콤플렉스가 없는 사람은 드물다. 남이 보기에 터무니없는 열등감처럼 보일 수 있어도 그 사람의 성장 배경과 주위 환경에 따른 상대적 요소가 강하기 때문에 쉽게 이야기할 수 있는 부분이 아니다. 농구선수에게 190센티미터의 키는 단신인 것과 마찬가지다.

생각해보면 나도 콤플렉스로 똘똘 뭉친 '약한 놈'이었다. 월세 방 하나에 네 식구가 살아가던 시절이 있었다. 과일장사로 자식 둘을 대학까지 보낸, 정말 고마운 아버지이지만 나는 자랑스럽게 아버지의 직업을 이야기하지 못했다. 우리나라는 아버지 직업을 써야 하는 곳이 왜 그리도 많던지. 그때마다 아버지 직업란에 '사업'이라고 적어 넣으며 죄를 짓는 느낌을 가슴에 남겼다. 사업을 시작하고 보니 나에겐 의지할 '끈'이 없어 막막하거나, 센 놈들과 경쟁하는 게 힘겨울 때면 아무것도 물려준 게 없는 힘없는 아버지를 원망하기도 했다. 가진 것 없는 집안에 대한 콤플렉스 때문인지 나는 매사에 당당함을 잃어갔다. 이는 학벌에 대한 콤플렉스로 이어졌고, 여기에서 벗어나는 데 10년이 걸렸다.

콤플렉스는 자신감과 맞닿아 있어 궁극적으로 인간의 성장 폭을 좁혀버리는 나쁜 영향을 미친다. 그러기에 나로서는 반드시 극복해야 하는 과제였음에도 오랜 시간에 걸쳐 차곡차곡 쌓인 콤플렉스를 떨쳐버리는 것은 쉽지 않았다. 과거에는 열등감의 화신이 그 열등감을 극복하기 위한 노력 끝에 성공을 거둔다는 식의 스토리가 많았지만 힐링의 시대인 지금은 그런 접근이 공감을 얻기 힘들지 않나 싶다. 나 자신을 배려하는 것부터 시작할 필요가 있다.

떨쳐버리기도 어렵고, 껴안기는 미운 존재. 콤플렉스를 소재로 한 두 가지 스토리를 살펴보자.

아렌델 왕국의 공주 엘사와 안나. 두 자매는 가족이자 둘도 없는 친구였지만, 엘사의 남다른 능력 때문에 서로 떨어져 살아가게 된다. 엘사의 말 못할 능력이란 바로 손에 닿는 것은 뭐든지 얼음으로 만들어버린다는 것이다. 어린 시절에는 이런 능력을 그저 재미있는 놀이로 생각해 밤마다 동생 안나와 몰래 얼음을 만들며 놀았다. 그러던 어느 날 예기치 못한 사고가 발생한다. 엘사가 만든 얼음이 그만 안나의 머리를 다치게 한 것이다.
이후 왕과 왕비는 엘사를 세상으로부터 떨어뜨려놓게 된다. 엘사는 동생에 대한 죄책감 때문에 자신의 능력을 숨기고 마음의 문을 닫는다. 한편 안나는 사고로 인해 과거의 기억이 지워지고 만다. 그래서 자기와 잘 놀아주던 언니가 왕국을 떠난 것을 이해하지 못한다. 외로운 성장기를 보내고 성인이 된 엘사는 아렌델 왕국의 여왕으로 즉위한다. 대관식에서 엘사와 안나는 재회한다. 이후 자신의 왕국을 겨울로 바꾸어버린 엘사와,

언니와의 관계를 회복하고 왕국의 겨울을 끝내려는 안나 사이에 여러 가지 소동이 벌어진다.

– 영화 〈겨울왕국〉 줄거리

도민준은 1609년 조선 땅에 떨어진 외계인으로, 404년 동안 지구에 처음 왔을 때와 변함없이 젊고 아름다운 모습 그대로 살고 있다. 놀라운 속도로 이동할 수 있고, 미래에 일어날 일을 미리 볼 수 있다. 물건을 손대지 않고도 움직일 수 있으며, 투시력으로 곰인형 안에 숨겨둔 몰래카메라까지 발견하는 능력남인 것.

게다가 그는 하버드 대학을 졸업한 교수로서 지성과 재력을 겸비했다.

이러한 능력 덕분에 도민준은 사랑하는 여자 천송이를 지켜주고, 그녀의 마음을 얻게 된다. 외계인이라 불가능하리라 생각했던 사랑까지 이루면서 초능력의 혜택을 톡톡히 본 것이다.

하지만 현실에서 그는 자신의 능력을 철저히 숨기며, 사람들에게도 마음을 주지 않은 채 살아간다. 천송이에게는 그의 능력이 통했을지 몰라도 다른 사람들은 그를 두려워했기 때문이다. 술에 취해 자신도 모르게 초능력을 발휘했을 때 그의 주변 사람들은 놀라며 도망쳤고, 그의 친한 친구는 외계인이라는 고백을 듣자마자 괴물이라며 그를 떠났다.

누구도 건드리지 못할 것 같은 능력남이지만, 주변에 제대로 된 친구 하나 없는 외로운 존재였던 것이다.

– 드라마 〈별에서 온 그대〉 줄거리

엘사와 도민준의 공통점은 어떤 계기를 만나기 전까지 마음의 문을 굳게 닫고 살았다는 것이다. 그들이 콤플렉스라고 정의한 능력이 다른 사람에게 어떻게 보이는지, 어떤 부정적 효과를 일으키는지 잘 알고 있기 때문에 사람을 만나면 나쁜 상상부터 한다. 하지만 자신의 진면목을 알아주는 사람과 만나 소통하면서 긍정적인 변화를 겪게 된다.

영화나 드라마 속 주인공을 보면서 안타까운 점은 이것이다. 콤플렉스를 가진 사람은 자신의 콤플렉스를 너무 크게 생각하는 경향이 있다. 그 때문에 상대가 자신을 싫어할 거라고 생각한다. 그러나 그에게 다가가려는 사람은 콤플렉스를 개의치 않는다. 믿는 자와 믿지 못하는 자가 벌이는 감정싸움이 보는 이의 마음을 안타깝게 한다.

이 상황을 당신의 현실에 대입해보자. 물론 콤플렉스에 영향을 받아 당신을 판단하는 사람도 있다. 그러나 모든 사람이 콤플렉스라는 창을 통해 당신을 바라보지는 않는다. 이미 그 창을 넘어와 당신을 껴안으려는 사람도 있다. 콤플렉스를 억지로 극복하려 할 필요는 없다. 그리고 콤플렉스 때문에 당신의 가능성에 선을 그을 필요도 없다.
나 또한 그렇게 콤플렉스에서 벗어났다. 당신이 다른 사람을 바라볼 때도 마찬가지다. 콤플렉스에 관한 한 '놈'이 아닌 '분'의 태도가 필요한 이유다.

관점을 기획하라

이제 콤플렉스에 대해 조금 마음의 여유를 가지게 되었는가. 그렇다면 이야기를 더 이어가기로 하자. 이번에는 미국에서 널리 회자되는 유머 한 토막을 소개하겠다.

어느 날 세실과 모리스가 교회에 가고 있었다.
"모리스, 자네는 기도 중에 담배를 피워도 된다고 생각하나?"
"글쎄, 잘 모르겠는데……. 랍비께 여쭤보는 게 어떻겠나?"
세실이 랍비에게 가서 물었다.
"선생님, 기도 중에 담배를 피워도 되나요?"
그러자 랍비는 정색하며 말했다. "형제여, 그건 절대 안 될 일이지. 기도는 신과 나누는 엄숙한 대화이기 때문이라네."
세실이 랍비의 말을 전하자 모리스가 말했다.
"내가 가서 다시 여쭤보겠네."
이번에는 모리스가 랍비에게 물었다.
"선생님, 담배를 피우는 중에는 기도를 하면 안 되나요?"
랍비는 미소를 띠며 대답했다. "형제여, 기도는 때와 장소가 중요하지 않다네. 담배를 피우는 중에도 기도는 얼마든지 할 수 있다네."

같은 일이라도 조금 다른 각도에서 생각하면 얼마든지 다른 결과를 얻을 수 있다는 얘기다. 콤플렉스와 연관 지어 관점을 기획해야 한다는 것은 이러한 맥락이다. 잘 짜인 기획서를 쓰듯 나의 생각을 기획하고, 그에 맞게 사고할 수 있도록 내 삶을 하나씩 조정해나가라는 말이다.

물론 관점을 바꾸면 기회가 온다는 말이 쉽게 와닿지 않을 수 있다. 우리는 일상 안에서 산다. 이제까지 살아온 역사에서 자유로울 수 없다. 관점은 내 인생 전반을 통해 형성된다. 우리는 생각을 바꾸는 것을 쉬운 일처럼 여기지만 절대로 그렇지 않다. 생각이란 누적된 삶의 경험을 통해 내 안에 뿌리내리는 것이다. 그렇기에 생각을 바꾸기 위해서는 이전의 삶을 뒤집을 만한 충격적인 경험을 하거나 아니면 상상 이상의 노력을 기울여야 한다. 우리는 외모를 가꾸기 위해 많은 시간을 투자한다. 살을 빼거나, 근육을 키우는 것은 단기간에 안 되기 때문이다. 정신을 바꾸는 데 필요한 시간은 그보다 많으면 많았지 결코 적지 않다.

그렇다면 어떤 방식으로 노력해야 할까? 많은 자기계발서가 여행 등 색다른 경험을 권한다. 여행은 똑같은 일상에서 벗어나 낯선 세계를 접하면서 생각의 전환을 꾀할 수 있는 좋은 기회다. 그러나 일부러 찾아나서는 여행과 같은 경험은 어느 정도 도움을 줄 수 있어도 근본적인 해결책은 아니라는 게 나의 생각이다.

나는 일상보다 강력한 것은 없다고 믿는다. 세상을 뒤흔들 만한 사건도 내 일상에 미치는 영향이 미미하다면 아무 의미가 없다. 평생 여행하듯 살자는 말은 멋지지만 현실성이 떨어지는 낭만일 뿐이다. 아무리 화려하고 근사해 보이는 일도 무디고 더딘 일상을 켜켜이 쌓아갈 때

완성된다. 때문에 일시적인 여행 경험을 통해 잠시 새로움을 맛보았다 하더라도 일상으로 돌아오면 관점도 다시 일상의 지배를 받을 수밖에 없다.

덧붙이자면, 각박한 우리 사회에서 어렵게 만든 여행 기간 동안 '생각을 바꿔보자'는 거창한 목표 아래 왕성한 호기심을 가지고 여행을 즐길 수 있는 사람이 몇이나 될까 싶다. 아예 젊은 시절을 모험과 도전의 시기로 규정짓고 특별한 경험을 하겠다며 돌아다니는 사람들도 있다. 그런 사람을 보며 우리는 '대단하다'고 말한다. 나 자신만 해도 정신없이 바쁜 와중에 며칠 여행을 떠날 기회가 생긴다면 아무 생각 없이 쉬다 오거나 그저 재미있게 즐기다 오고 싶은 마음이 간절하다.

그래서 내 관점을 기획할 때 그 주된 장소는 일상이 되어야 한다. 먹고 자고 이야기하는 평범한 일상 속에서 나의 관점을 바꿀 수 있는 기회를 만들면서 자잘하고 차분한 전환을 몇 차례 경험할 때 나의 생각은 조금씩 바뀔 수 있다.

콤플렉스 뒤집기

: 관점 바꾸기 기법 세 가지

유망한 체조선수였으나 한순간의 사고로 사지마비가 되어 운명의 나락으로 떨어졌다가 만인의 희망 도우미로 우뚝 선 재미교포 의사 한 분을 소개하려 한다. 그의 이름은 이승복이다. 극한의 어려움을 극복하고 새로운 삶을 사는 영웅들의 이야기가 여러 매체를 통해 소개되곤 한다. 이승복 씨의 스토리 역시 〈인간시대〉라는 TV 프로그램에 소개된 적이 있다. 하지만 나는 그의 사연을 특별한 무언가로 포장하고 싶지는 않다. 나 역시 그를 직접 인터뷰하면서 많은 감동을 받았지만, 그 감동을 그대로 옮겨내기에는 글의 한계가 명백하기도 하다. 그래서 나는 그의 스토리에 담긴 일반적인 감동보다는 그가 일상에서 자신의 관점을 기획해나간 과정을 중심으로 이야기를 하고자 한다.

이승복 씨는 올림픽 출전을 앞두고 연습하던 중 불의의 사고를 당해 사지마비의 장애를 안게 되었다. 이 때문에 그는 체조선수의 꿈을 접어야 했다. 이후 그의 인생은 전혀 새로운 방향으로 흘러갔다. 끊임없는 노력 끝에 그는 미국 존스홉킨스 병원의 유명 인사 '슈퍼맨 닥터 리'가 되어 많은 사람들에게 희망의 상징이 되었다. 그를 직접 만났을 때 나는 그에게서 장애의 흔적을 찾아볼 수 없었다. 동안과 조화를 이루는 헤어스타일도 그랬지만 대단한 몸짱으로 주위의 시선을 끌었다. 잘 발달한 상박근육이 인상적이었다.

사고가 나기 전까지 그에게 체조는 인생의 전부였다. 그의 삶의 목표는 오로지 금메달을 목에 거는 것이었다고 해도 과언이 아닐 정도로 체조에 모든 것을 걸었다. 그에게 체조는 부모님에게 자랑스러운 아들이 되고 싶고 미국 땅에 대한민국의 존재를 널리 알리겠다는 소망을 이룰 수 있는 유일한 길이었기 때문이다.

한국에 있을 때 그의 아버지는 약국을 운영했다. 큰 부자는 아니었지만 그럭저럭 화목한 가정이었다. 하지만 미국으로 이민 간 후에는 부모님 얼굴 보기도 힘들 지경이 되었다. 일 때문에 바쁜 부모님의 일상이 그만큼 힘겹게 이어졌던 것이다. 그는 고생하시는 부모님에게 자랑스러운 아들이 되고 싶었다. 그리고 그 방법에 대해 고민하기 시작했다.

그는 또 미국인들이 '중국인이냐, 일본인이냐'라고만 물을 뿐 누구도 '한국인이냐'고 묻지 않는 것에 충격을 받았다. 외국에 살다 보면 다들 애국자가 된다고 한다. 이승복 씨도 나라 사랑이 대단했던 모양이다. 당시만 해도 국력이 약했던 조국의 이미지 때문에 자존심이 상했던 그는 어떻게 해서든 대한민국을 널리 알려야겠다고 마음먹었다. 그렇게 가족과 국가에 대한 깊은 고민에서 선택한 것이 체조였다. 그래서 누구보다 열심히 노력했음에도 불의의 사고로 꿈을 접을 수밖에 없었다.

콤플렉스 자체가 강함과 약함, '놈'과 '분'을 구분하지 않는다. 중요한 것은 콤플렉스를 바라보는 태도와 시선이다. 그럼에도 불구하고 그가 좌절하지 않고 의사라는 새로운 길로 달려갈 수 있는 관점은 어떻게 기획되었을까?

첫 번째는 관찰이다. 관찰의 방식은 다양하다. 가깝게는 주변 인물, 혹은 성공한 사람의 일상을 관심 있게 바라보는 것이고, 멀게는 책이나 방송 등 매체를 통해 그 사람의 삶을 간접적으로 체험해보는 것이다. 평범한 주부가 살림하고 자식 키우던 노하우를 자신만의 사업 아이템으로 선택해 억대 연봉을 받는 CEO가 되기도 한다. 육아, 학습, 입시교육 노하우, 가족을 위한 요리에 이르기까지 살림살이 내공을 밑천으로 제2의 인생을 시작한 주부들의 성공 비결은 의외로 단순하다. 그들의 공통점은 '장바구니 들고 지나가는 옆집 엄마, 아이들 데리고 학원을 오가는 앞집 엄마도 다시 본다'였다.

이승복 씨도 한 권의 책이 그의 인생을 안내하는 횃불이 되었다. 뉴욕대의 재활병원을 세운 하워드 러스크 박사의 자서전 『돌봐야 할 세상A World to Care for』이 방황하던 이승복 씨에게 새로운 깨달음을 준 것이다. 그는 이 책을 읽고 자기와 비슷한 처지에 있는 사람들을 도울 수 있는 의학이 올림픽 금메달 못지않게 가치 있는 일이라고 확신했다.

두 번째는 관계다. 당신 스스로 관점의 확신을 얻지 못할 때, 당신을 믿고 격려해줄 수 있는 친구를 많이 만들어라. 그 친구들이 많은 것을 해줄 필요도 없다. 정말 어려운 순간에 몇 마디 말이면 충분하다.

이승복 씨가 컬럼비아 공중보건대학원에 다닐 때의 일이다. 학장과 면담을 하게 되었는데 휠체어 장애인이 기숙사나 기타 시설물을 사용하는 데 불편한 점은 없는지, 공중보건학 석사 과정에 대한 불만이나 새로운 아이디어는 없는지를 물었다. 그 자리에서 이승복 씨는 원래는 의대에 가고 싶었는데, 사지마비 장애인은 곤란하다는 말을 듣고 어쩔 수 없이 공중보건학 석사 과정을 선택하게 된 사연을 솔직하게 털어놓았다.

그러자 학장은 "누가 그런 말을 했습니까? 우리가 곤란하다고 한 건 평범한 장애인의 경우입니다. 당신이라면 (의대 진학이) 가능하다고 확신합니다"라고 하면서 자신이 추천서를 써주겠다고 제안했다.

주위에서도 여러 사람이 그를 격려했다.

"당신은 한다면 하는 사람이잖아요.
꼭 도전해서 해낼 수 있다는 걸 보여주세요."
"장애인이라는 사실을 잊어버리라고.
당신은 정상인보다도 훌륭해!"

그는 주위의 관심과 응원이 진심으로 고마웠다. 주변 사람들의 칭찬에 힘을 얻은 그는 의대에 진학하기 위해 준비를 했다. 사람들의 칭찬이 그로 하여금 다시 시작할 수 있도록 용기를 북돋아준 셈이다. 그에게 칭찬은 마음의 위안이었고 삶을 지탱해주는 생명이었다. 비록 육신은 일어설 수 없지만 주위의 격려는 그가 또 다른 꿈을 향해 일어서도록 해주었다.

그의 아버지는 성격이 무뚝뚝했고, 자식의 꿈을 북돋는 데 별다른 관심을 보이지 않았다. 처음 체조를 시작할 때도 못마땅하게 여겼던 아버지는 심지어 사고가 나자 '엄마 아빠 말을 안 들어서 이렇게 됐다'고 했을 정도다. 아버지와의 대화는 언제나 서너 마디를 넘기지 못하고 단답형으로 끝나곤 했다. 그렇게 아버지는 살가운 존재가 아니었다. 이 때문에 그는 아버지가 자신에게 늘 화가 나 있는 줄 알았다고 한다. 그런데 그가 의대에 입학했을 때, 학장이 축하 인사를 건네자 그의 아버지는 이렇게 말했다.

"제 아들이 정말 자랑스럽습니다.
승복이는 제 보물입니다."

항상 무뚝뚝했던 아버지의 칭찬에 그는 뛸 듯이 기뻤다. 그때의 기쁨은 이후 그가 의대 생활의 모든 어려움을 참고 견딜 수 있게 해준 원동력이었다.

이처럼 칭찬의 위력은 대단하다. 칭찬 한마디가 오랜 콤플렉스를 한순간에 날려버린 사례는 많다. 시사만화가 박재동 화백은 초등학교에 들어가기 전부터 그림 그리기를 좋아했다.
그러나 그림 그릴 도구가 마땅치 않아 송곳으로 장판을 찍는 식으로 바다도 그리고 산도 그렸다. 그림은 둘째치고 장판이 어떻게 됐을지는 말하지 않아도 상상이 갈 것이다.

보통의 부모님이라면 왜 장판을 못쓰게 만드냐며 꾸짖을 것이다. 그런데 박재동 화백의 부모님은 달랐다. 집에 돌아와서 그 광경을 보고는 야단치는 대신 "잘 그렸네" 하고 아들의 낙서를 칭찬하셨다. 부모님의 칭찬에 신이 난 어린 박재동이 그림에 자신감을 갖게 됐음은 물론이다. 공부에 취미가 없는 가난한 집 아들이라는 배경은 콤플렉스가 될 수도 있었지만 칭찬이 모든 것을 바꾸었다. 오늘날 시사만화가 박재동의 명성은 어린 날 부모님의 칭찬이 토대를 만들어주었다고 해도 틀린 말은 아니다. 당신 주변에 박재동 화백의 부모님 같은 사람이 많을수록 당신의 관점 기획은 성공에 가까워진다.

세 번째는 노력이다. 뻔한 이야기이지만 지나칠 수 없는 부분이다. 결국 생각을 바꾸는 결정적인 승부처는 자기와의 싸움이다. 주변을 세심하게 관찰해서 자신의 길에 대한 확신을 얻고, 믿고 응원해주는 동료들까지 생겼다면 이제는 전력투구하여 끝까지 가는 일만 남았다.

슈퍼맨 이승복 씨의 신화는 하늘에서 떨어진 횡재가 아니다. 장애를 극복하고자 한 그의 피나는 노력의 결과물이다. 그는 컬럼비아 대학을 졸업한 후 30여 개 대학의 의대에 입학 지원서를 보냈다. 하지만 이들 대학이 중증장애인을 받아줄지 걱정이었다. 그는 면접이 중요하다고 판단하고, 넉 달 동안 컬럼비아 대학 의대 교수와 친구들을 찾아다니며 면접에 대비했다. 공부하느라 시간이 없는 사람을 붙잡고 면접에서 주로 어떤 질문을 하는지, 어떤 답변이 면접관에게 호감을 줄 수 있는지에 대한 조언을 구했다. 한번은 밖에서 세 시간을 기다려 만난 끝에 30분 동안 귀중한 조언을 듣기도 했다. 심지어 정확한 발음과 자신 있는 표정을 위해 연습 장면을 캠코더로 녹화해서 모니터했다. 그가 꿈을 이루기 위해 얼마나 철저히 준비했는지 보여주는 대목이다.

그의 남다른 노력은 의대에 진학한 후에도 달라지지 않았다. 그는 늘 전공서적을 휠체어 높이까지 쌓아놓고 공부했다. 장시간 책상 앞에 앉아 글을 쓰는 것도 그에게는 힘든 일이었지만, 남들보다 두세 배 더 열심히 해야 한다고 생각했다. 다른 사람이 네 시간 공부할 때 그는 여덟 시간 공부했고, 잠은 남보다 두세 시간 덜 잤다. 졸음이 쏟아질 때에는 잠을 쫓기 위해서 눈에 치약을 발라가면서 공부를 했다. 그 스스로도 "보통 의대생보다 더 힘든 의대 생활을 했다"고 회고한다.

그렇게 체조선수 시절 쏟은 열정으로 학업에 매진한 결과 그는 명문 다트머스 대학에서 공부를 마치고 하버드 의대에서 인턴 과정을 시작하게 된다. 그렇게 시간이 흘러 인턴 과정을 수석으로 졸업한 그는 마침내 세계가 인정하는 존스홉킨스 병원의 재활의학 수석 전문의가 되었다.

처음 의대 실습을 시작했을 때 그는 새로운 사실을 깨달았다. 실습 장비와 의료 장비들이 장애인이 사용하기에는 너무나 힘든 또 다른 장애물이었다. 장애인용 가위, 칼 등도 없었고, 혈압계가 벽에 붙어 있어서 꺼낼 수도 없었다. 실습용 침상도 정상인 허리 높이에 맞춰져 있었다. 그는 자신에게 맞는 장비를 갖춰달라고 학교 측에 끊임없이 요구했다. 그 결과 그가 졸업할 무렵에는 장애인도 편하게 수업을 받을 수 있는 환경이 조성되기에 이르렀다.

주사 놓는 연습 하나에도 그는 최선을 다했다. 섬세한 손가락 근육이 없었기 때문에 주사기를 손에 쥘 수도 없었고, 손을 고정한 채 피스톨을 누르는 것도 쉽지 않았다. 손 떨림 없이 바늘을 정확히 찌를 수 있는 방법이 필요했다. 끊임없는 반복 훈련이 요구되는 과정이었다. 그는 호박을 가지고 연습했다. 호박에 점을 찍고 그 안으로 정확하게 바늘을 찌르는 연습을 했다. 손에서 주사기가 미끄러지고, 피스톨을 눌러도 꼼짝 안 하기 일쑤였다. 그래서 그는 두 손을 다 사용할 수 있는 방법을 모색했다. 여러 번의 시행착오 끝에 드디어 한 손을 환자의 몸에 붙여서 고정시키고 다른 손으로 피스톨을 서서히 미는 식으로 주사 실습에 성공했다.

편안한 전동 휠체어 대신 자발적인 힘으로 움직이는 수동 휠체어를 선호하는 것도 그의 의지를 보여준다. 그는 게을러지지 않기 위해서 수동 휠체어를 탄다고 했다. 전동 휠체어에 편하게 앉아 버튼을 누르며 살 생각은 없다는 의지의 표현이다. 이러한 노력이 정상인보다도 더 단단한 몸짱 이승복, '쎈 분'을 만든 것이 아닐까.

Point

- 콤플렉스를 힘으로 바꾸는 결정적 도구는 관점의 전환이다.
- 생각을 쉽게 바꿀 수 있다는 것은 착각일 뿐이다. 헬스 트레이닝보다 몇 배 힘들다.
- 주변을 세심히 관찰하여 나를 지지해줄 아군을 최대한 확보하라.
- 준비가 되었다면 노력하고 또 노력하라.

3 아름다운 그대

쎈 분으로 가는 필수 요소, 외모

프린스턴 대학의 윌리스Willis와 토도로프Todorov(2006)의 연구 결과에 따르면 타인의 얼굴을 보고 매력이나 호감도, 신뢰도, 공격성 등을 판단하는 데 걸리는 시간은 불과 0.1초라고 한다. 상대에 대한 호감은 첫눈에 결정된다는 것이다. 우리는 0.1초 만에 그 사람의 내면까지 볼 수는 없다. 이 때문에 첫인상은 간과할 수 없는 요소이고, 외적인 이미지는 경쟁력이 될 수밖에 없다.

하지만 착각하지 말아야 할 것이 있다. 외모를 단지 얼굴 생김새나 옷차림 정도로 한정짓지 말아야 한다. 외모는 그 사람의 얼굴과 몸매, 옷, 머리, 향기, 표정, 분위기, 눈빛 등등을 포함한 전체적인 분위기를 말한다. 따라서 외모가 중요하다는 말을 얼굴 생김새 같은 선천적 요소로 국한하여 해석해서는 안 된다.

외모에 대한 편견을 담아낸 영화가 있다. 뚱뚱한 몸매와 못난 얼굴 때문에 실력이 있어도 꿈을 이루지 못하는 여자의 이야기다.

100킬로그램에 육박하는 거구이긴 해도 착하고 마음 여린 한나는 한 남자에게 사랑받고 싶어하는 여자일 뿐이다. 그녀는 천상의 목소리로 타고난 노래 실력을 자랑하는 가수 지망생이기도 하다. 그녀는 음반 프로듀서인 상준에게 음악성을 인정받아 얼굴만 예쁜 가수인 아미의 대창가수가 된다. 상준이 그녀의 목소리, 노래 실력을 칭찬하며 다정하게 대해주자, 한나는 상준을 남몰래 짝사랑하게 된다. 하지만 한나는 그의 생일파티에서 상준이 아미에게 하는 말을 엿듣고는 충격을 받는다. 한나는 노래밖에 할 줄 모르는 못생기고 뚱뚱한 여자라는 것이다. 한나는 어느 날 홀연히 사라진 후 전신성형을 해 미녀가 되어 돌아온다. 그녀의 새로운 이름은 제니. 펑펑 울어도 예쁜 얼굴, 어떤 옷을 입어도 맵시가 나는 S라인 몸매, 그리고 변하지 않은 천상의 목소리로 제니는 드디어 대중 앞에서 노래 부르는 진짜 가수가 된다. 그리고 짝사랑하던 상준의 마음까지 얻어 꿈도 사랑도 모두 이룬다. 외모만 바뀌었을 뿐인데 그녀의 인생이 완전히 달라진 것이다.

–영화 〈미녀는 괴로워〉 줄거리

〈렛미인〉이라는 TV 프로그램에서 영화 〈미녀는 괴로워〉의 실사판 같은 스토리가 소개된 적이 있다. 뮤지컬 배우 못지않은 가창력을 지녔지만, 외모 때문에 번번이 좌절해야 했던 얼굴 없는 가수가 출연했다. 맑고 청아한 목소리, 깨끗한 고음, 간절함이 묻어나는 노래 실력으로 스튜디오에 깊은 감동을 주었지만, 심각한 부정교합과 노안형 외모로 가수의 꿈을 접어야 하는 상황이었다. "헬멧을 쓰고 노래하라", "얼굴 때문에 가수 되기는 틀렸다"는 혹평을 들으며 그녀는 깊은 상처를 받았고, 외모 때문에 오디션에서 계속 낙방하는 등 자괴감에 빠진 상태였다. 가수의 꿈은 이루지 못했지만 보컬 트레이너가 되어 학생들을 가르치던 그녀는 이 프로그램의 도움을 받아 성형수술을 하게 된다.

그 결과는 대성공이었다. 스튜디오에서 뮤지컬을 부르면서 등장해 시청자에게 호평을 받기도 했다.

이제 성형수술은 너무나 대중화되어 감출 것도 없는 일이 되었다. 여러 가지 비판의 소리가 있는 것도 사실이지만, 성형수술이 개인의 행복을 높여주는 것 또한 사실이다. 아름다워지고 싶어하는 욕망 또한 더는 개인의 선택이 아닌 사회적 강박이 되었다. 이를 증명하듯 현실에서도 제니와 같은 사람들이 많아졌다.

물론 극단적으로 성형수술이 필요한 경우도 있겠지만 앞서 말했듯이 외모는 성형수술 같은 인위적인 방법으로 해결되는 것이 아니다. 진정한 아름다움은 그 사람이 풍기는 모든 이미지의 합집합으로 결정된다. 아름다움이나 첫인상을 결정하는 요소가 외모뿐이라고 생각한다면 큰일이다.

첫인상은 상당 부분 얼굴과 신체적 특징에 의존할 수밖에 없지만 옷차림, 태도, 표정, 말투 같은 것으로 호감을 얻거나 또는 잃을 수 있다. 미국 캘리포니아 대학교 심리학과 교수 앨버트 메라비언은 상대에 대한 인상이나 호감을 결정하는 데 있어 표정이나 자세, 용모와 복장, 제스처처럼 눈에 보이는 부분이 55퍼센트의 영향을 미치고, 목소리는 38퍼센트, 말하는 내용은 겨우 7퍼센트만 작용한다고 밝혔다. 인상을 형성하는 93퍼센트는 비언어적 요소로 이루어진다는 말로 겉모습이 중요하다는 것이다. 즉 한 사람의 이미지라는 것은 우리가 흔히 생각하는 얼굴 외에도 다양한 부분이 작용한다는 얘기다. 따라서 단순히 몇 가지 요소만 가지고 자신의 외모를 판단하여 스스로를 못났다고 정의하지 말자.

다시 한 번 〈미녀는 괴로워〉의 주인공이나 〈렛미인〉의 출연자를 생각해보자. 물론 그들의 외모가 큰 전환점이 된 것은 사실이다. 하지만 두 사람의 존재를 빛내는 근본적인 힘은 가수라는 꿈을 향한 목적의식과 의지였다. 단순히 아름다운 얼굴을 만들기 위해 성형수술을 한 사람과, 자신의 꿈을 이루기 위한 과정의 하나로 성형수술을 한 사람의 얼굴은 같지 않을 것이다.

이미지 관리를 위한 기본 전략

: 초두효과와 맥락효과

얼굴이 예쁘다는 것은 무엇이고, 못생겼다는 것은 무엇인가? 종종 기업체에서 부부 동반 임원들을 대상으로 특강을 하는데 80퍼센트 이상의 부부가 남매처럼 닮아 속으로 놀라곤 한다. 결혼생활을 하면서 서로 닮아갈 수도 있지만 처음부터 그렇게 닮아 있었다고 보는 게 적절하지 않을까.

아름다움은 상대에 대해 주관적으로 느끼는 감정이다. 어떤 잘생긴 연예인을 누구는 좋아하고 누구는 싫어하는 것을 보면 제 눈에 안경이라는 말이 진리가 아닐까. 심리학자들의 연구 결과에 따르면 사람은 누구보다도 자기 자신을 사랑하기 때문에 자신과 비슷한 사람을 좋아하게 된다고 한다.

그러니 성형수술을 해서 외모를 바꾸는 것이 사랑하는 사람의 마음을 얻는 최고의 방법은 아닐 듯하다. 기본적으로는 내 인생의 운명적인 만남을 나다운 모습에서 찾아 자신감 있게 맞을 준비를 하는 자세가 필요하다. 사랑뿐 아니라 사회생활도 마찬가지다. 당신 그대로의 모습을 보여주되 더욱 노력하는 모습을 통해 호감과 아름다움을 찾을 수 있다. 그래도 영 자신감이 생기지 않는다면 그때 가서 제니가 되어보는 것은 어떨지.

그렇다면 아름다움을 위해 노력해야 할 부분은 무엇일까?

심리학 용어에 초두효과와 맥락효과라는 것이 있다. 초두효과는 처음 들어온 정보가 큰 영향력을 행사하는 것을 말한다. 처음 이미지가 좋으면 나중에 이미지가 조금 나빠지더라도 첫인상이 긍정적이었기 때문에 부정적인 이미지가 상쇄된다는 뜻이다. 아무래도 전혀 정보가 없는 상태에서 처음 들어오는 정보는 강력하게 남아 큰 영향을 주게 되는 것이다. 맥락효과는 나중에 들어온 정보를 처음에 들어온 정보와 같은 맥락에서 이해하는 것을 말한다.

예를 들어 어떤 사람을 만나 예의 바르다는 인상을 받았는데, 머리까지 좋다는 것을 알게 되면 그 사람을 더 '뛰어나다'고 느낀다. 그런데 처음에 예의 없다고 생각해버리면 '머리가 좋다'라는 정보를 나중에 알게 됐을 때 '독하다'라고 받아들인다는 것이다. 첫인상은 쉽게 바뀌지 않는다. 첫인상에서 느낀 호감 또는 비호감은 시간이 지나도 그대로 유지되는 경우가 많다고 한다.

흔히 첫인상으로 사람을 판단하지 말라고 한다. 하지만 우리의 뇌는 사람을 처음 보았을 때의 이미지를 최소 40시간 이상 유지하며, 상대방을 오랫동안 보지 않게 되면 그 인상을 계속 지니게 된다. 따라서 한번 상대에게 좋지 않은 이미지가 각인되었다면 그것을 바꾸는 데 상당히 많은 노력을 기울여야 한다.

여기 두 사람이 있다.

A		B
질투심이 강하다	VS	똑똑하다
고집이 세다		근면하다
비판적이다		충동적이다
충동적이다		비판적이다
근면하다		고집이 세다
똑똑하다		질투심이 강하다

A와 B 중 어떤 사람을 소개받고 싶은가? 대부분 B를 선택할 것이다. 그런데 자세히 보면 알겠지만 두 사람의 특징은 동일하다. 순서를 바꾸었을 뿐이다. 처음에 받아들인 정보가 더 큰 영향을 미치기 때문에 초반에 긍정적인 정보를 제공한 B에게 호감을 느끼는 것이다.

옷차림이 중요한 것도 같은 맥락이다. 꼭 정장을 입어야 하는 직업은 아니지만, 가끔 정장을 입어야 하는 자리가 있게 마련이다. 화사한 복장으로 출근했는데 갑자기 상갓집에 가야 할 일이 생길 수도 있고, 내일로 잡혀 있던 중요한 미팅이 오늘로 앞당겨질 수도 있다. 문제는 정장을 입어야 하는 자리에서 초면인 사람들을 만나게 되는 경우다.

당신을 처음 보는 사람들은 옷차림을 보고 당신에 대한 이미지를 형성한다. 이미지는 내가 결정하는 것이 아니라 타인이 결정하는 것이기 때문이다. 그리고 처음에 만들어진 이미지는 초두효과와 맥락효과에 의해 계속 이어지게 마련이다. 그렇기 때문에 옷차림도 전략적으로 활용해야 한다.

'쎈 본'처럼 옷 입기

무한 경쟁 속에서 살아남기 위해 '나만의 개성, 나를 돋보이게 하는 차별화 방법'을 찾는 사람들이 늘고 있다. 같은 수준의 지식을 가지고 있다면 더 능력 있어 보이고 더 센스 있게 연출하는 옷차림이 강조되는 시대다. 옷차림은 그 사람의 첫인상을 좌우할 뿐만 아니라 전체적인 평가로 이어지는 경우가 종종 있기 때문이다.

예를 들어 이전 시대의 사회적 분위기에서 까만 테 안경에 축 늘어진 셔츠를 입은 1990년대 의사 스타일은 모범적이고 성실한 이미지를 줄 수는 있지만, 멋지거나 품격 있는 스타일은 아니다. 요즘 드라마에 나오는 의사의 이미지는 예전과 다르다. 품격은 '사람 된 바탕과 타고난 성품'으로 품성과 인격을 합한 말이라 할 수 있는데 단정하고 깔끔한 차림을 한 사람은 인품까지 돋보인다.

이는 앞서 살펴보았던 메라비언의 법칙The Law of Mehrabian으로 설명할 수 있다. 좀 더 구체적으로 설명해보자면 비언어 의사소통을 설명하는 메라비언의 법칙의 핵심은 대면對面 의사소통 및 인간관계에 필요한 요소로서 복장을 비롯한 비언어적 단서가 중요하다는 것이다.

이 이론은 UCLA 심리학과 명예교수인 앨버트 메라비언Albert Mehrabian이 1971년에 출간한 저서 『Silent Messages』에서 처음 주장한 것으로, 전 세계적으로 무수히 인용되는 통계 자료이기도 하다.

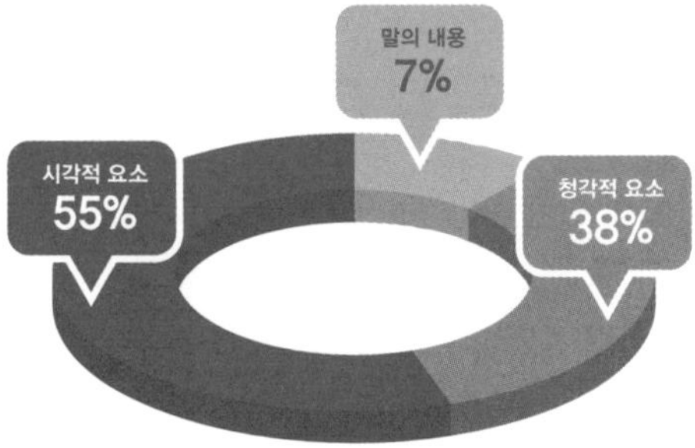

나의 저서(『메라비언 법칙』, 위즈덤하우스, 2012)에서도 밝혔듯이, 메라비언에 따르면 감정을 전달하는 세 가지 요소는 말의 내용words, 목소리tone of voice, 보디랭귀지non-verbal behavior다. 이때 '언어적 커뮤니케이션'보다 '비언어적 커뮤니케이션'이 더 큰 영향력을 발휘한다. 어떤 사람을 만났을 때 첫인상을 좌우하는 정도는 표정·자세·용모·복장·제스처처럼 시각적인 요소가 55퍼센트, 목소리가 38퍼센트, 대화 내용이 7퍼센트라고 한다. 이 결과에 따르면 첫인상은 대부분 시각적인 요소에 의해 결정된다. 이 때문에 많은 전문가들이 자신의 이미지를 개선하려면 먼저 외모나 복장에 신경 쓰라고 조언한다.

다음으로 신경 써야 할 것이 목소리다. 아무래도 탁한 목소리보다 맑고 고운 목소리가 사람의 마음을 끈다. 하지만 낙담할 필요 없다. 그리 좋지 않은 목소리도 훈련을 하면 개선될 수 있다.

"행동의 소리가 말의 소리보다 크다"는 속담이 있다. 언어적인 것verbal과 비언어적인 것non verbal 중 무엇이 더 이미지 형성에 영향을 미칠 것 같은가. 언뜻 생각하면 구체적이고 명확한 언어적인 것에 더 영향을 받을 것 같다. 하지만 비언어가 이미지 형성에 결정적인 역할을 한다. 게다가 비언어를 통한 이미지는 쉽게 형성되지도 않고, 한번 형성되고 나면 바꾸기도 힘들다. 성장 과정에서 자신도 모르게 습득한 비언어적 요소들은 쉽게 바꾸기 어렵다. 따라서 다른 사람의 감정에 효과적으로 호소하기 위해서는 몸짓·복장 등의 시각적 요소와 목소리 같은 청각적 요소, 그리고 메시지(내용)가 잘 조화를 이루어야 한다. 이중에서도 특히 시각적인 부분을 신경 써야 한다.

이 이론을 통해 알 수 있듯이 단정하고 깔끔한 차림을 한 사람은 왠지 인품도 돋보인다. 차림새도 전략인 요즘에는 손수건 하나, 볼펜 하나에도 자기표현의 의지가 담겨 있다. 그렇다고 주변 상황을 생각하지 않고 고가의 물건을 통해 자기표현을 하거나 화려함이 지나쳐 차림새라기보다는 치장에 가까운 모양새가 되어서는 안 된다. 적절한 차림새를 하기 위해서는 자신에게 어울리는 옷을 고를 줄 아는 감각과 세련되게 연출하는 솜씨가 있어야 하겠지만, 무엇보다도 T. P. O(Time: 시간, Place: 장소, Occasion: 상황)에 맞게 옷을 입는 센스가 있어야 한다. 당신의 옷은 단순한 의상이 아니라 강력한 자기표현의 수단이기 때문이다.

차림새는 기본적으로 상대에게 좋은 느낌을 주어야 한다. 호감을 주고 싶다면 반드시 상대와 장소를 고려해 차림새를 갖추어야 한다. 특정 집단의 사람들을 만나는 상황이 아니라면 누구에게나 호감을 줄 수 있는 무난한 차림이 좋다. 활동하기 편하면서도 맵시 있고, 그 장소의 분위기나 이미지에 어울리는 기능적인 옷차림이어야 할 것이다. 의상을 선택할 때는 '분'의 마음가짐이 중요하다는 말이다. 좋은 옷과 화려한 외모를 과시하면서 주변을 압도하듯 옷을 입는 사람은 결코 인정받지 못한다.

그렇다고 남들과 비슷비슷한 옷차림으로 눈치 보듯 옷을 입으라는 소리는 아니다. 자신의 개성을 드러내되, 지나치게 두드러지지 않는 옷차림이 좋다. 단정하면서도 개성을 표현하는 센스를 발휘할 줄 아는 사람이 진정한 멋쟁이다.

성공한 사람들은 자신의 이미지를 관리하는 데에 늘 신경 썼다. 정치인의 이미지와 관련하여 잘 알려진 사례가 있다. 1960년 미국 대통령 선거에 출마했던 닉슨과 케네디 후보가 토론하는 장면이 TV와 라디오를 통해 생중계되었다. 재미있는 점은 라디오로 들은 사람들은 닉슨이 더 논리적인 주장을 펼쳤다고 평가한 반면, 텔레비전으로 시청한 사람들은 케네디의 주장이 더 설득력 있다고 생각한 것이다.

자신의 이미지에 맞게 메이크업을 한 케네디는 카메라를 정면으로 응시하며 넘치는 자신감과 박력으로 시청자 한 사람 한 사람에게 직접 호소하는 것처럼 보였다. 하지만 얼마 전 큰 수술을 받았던 닉슨은 메이크업을 거부해 얼굴이 창백했고 더 늙어 보였다. 결국 당초의 예상을 뒤엎고 케네디가 승리를 거두었다. 전문가들은 케네디의 대선 승리 요인 중 하나로 성공적인 이미지 관리를 꼽는다.

폴란드 출신의 미국 사회심리학자 솔로몬 아쉬Solomon Asch는 어떤 이미지가 호감을 주는지를 알아보기 위해 실험을 했다. 그는 대학생들을 두 집단으로 나누었다. 첫 번째 집단에게는 지적이고 솜씨 있고 부지런한 이미지와 단호하고 현실적이면서 신중하고 따스한 이미지를 모두 함께 보여주었다. 다른 집단에게도 이 모든 이미지를 보여주었지만 단 하나,

따스한 이미지를 차가운 것으로 바꿔 제시했다. 그 결과 대학생들은 따스한 이미지에서 관대하고 정직하며 현명함을 느꼈지만, 차가운 이미지에서는 전반적으로 나쁜 인상을 가졌다. 차가운 인상을 가진 사람은 대인관계에서 손해를 볼 수 있다는 얘기다.

지금 한번 거울을 보라. 당신의 인상은 어떤가? 그리고 당신이 다른 사람에게 비치는 인상은 어떨지 생각해보자. 예쁘고 잘생긴 외모를 말하는 것이 아니다. 만약 잘 모르겠으면 주위의 친한 사람들에게 자신의 첫인상이 어땠는지 물어보자. 그리고 자신이 만들고 싶은 인상은 어떤 것인지 그려보자. 이것이 좋은 인상을 만드는 첫걸음이다.

자신의 이미지를 관리한다는 것이 조금 귀찮기도 하고, 쑥스러울 수 있다. 하지만 치열한 경쟁사회에서 자신감 있는 이미지를 가진 사람과, 실력은 있지만 우울해 보이거나 화가 난 것처럼 보이는 사람 중 누가 더 경쟁력이 있을까? 통계에 따르면 이성적인 사람도 결정을 할 때는 85퍼센트의 감성과 15퍼센트의 논리에 바탕을 둔다고 한다. 자기 자신을 아름답게 드러낼 수 있는 사람이 바로 '쎈 분'이다. 그러나 자기만의 색깔이 없으면 빵점이다.

쎈 분들의 외적 이미지 관리 방법론

: 의상, 헤어, 향수

1. 옷, 성의 있게 입어라

1980년대 IBM 사의 간부들이 소프트웨어 개발을 의뢰하기 위해 마이크로소프트 사를 찾았다. 말쑥하게 정장을 갖춰입은 IBM 간부들은 청바지에 티셔츠를 입은 청년이 빌 게이츠라는 소개를 받고 당황할 수밖에 없었다. 이렇게 첫 만남은 어색하게 시작되었지만 한 달 뒤 다시 만나기로 약속하고 헤어졌다. 한 달 뒤에는 어떤 일이 벌어졌을까? 빌 게이츠는 보수적인 그들의 성향을 의식해 정장을 차려입었다. 반대로 IBM 간부들은 빌 게이츠의 스타일에 맞추기 위해 캐주얼 차림으로 나타났다. 단순한 해프닝 같지만 그날 일로 빌 게이츠와 IBM 간부들은 서로를 깊이 신뢰하게 되었다고 한다. 그리고 마이크로소프트 사와 IBM은 신뢰를 바탕으로 MS-DOS를 탄생시킬 발판을 마련한다.

이 일화는 우리가 옷에 신경 쓰는 이유가 나를 멋지고 예쁘게 포장하려는 게 아니라 상대를 배려하고 신뢰를 주기 위해서라는 점을 알려준다. '나는 당신을 믿는다'는 말은 큰 위력을 발휘하지 못한다.

말 한마디보다 상대를 배려한 옷차림이 나의 진정성을 상대에게 전하기에 유효적절한 수단이다.

미국 캔사스 주립대학에서 정장을 입었을 때와 평상복 차림을 했을 때의 세일즈 실적을 비교해보니 7:3으로 정장이 앞섰다. 옷차림이 세일즈에 미치는 영향이 크다는 연구 결과다. 억대 연봉을 받는 영업사원은 옷을 입을 때 소비자가 어떻게 평가하느냐에 많은 신경을 쓴다. 고객들에게 좋은 이미지로 기억되기 위해 남자들은 나비넥타이를 매기도 하고, 여자들은 코사지나 스카프 같은 액세서리 등을 활용하여 자신만의 스타일을 연출한다.

재미 여성 벤처사업가인 김태현 TYK 그룹 회장은 하루에 다섯 번 옷을 갈아입는 것으로 유명하다. 하루에 다섯 명을 만나면 상대에 맞춰 다섯 번 옷을 갈아입는다고 한다. 단지 옷이 많아서라고 결론 내릴 수 없는 지극한 정성이다. 이런 사람들은 상황에 맞는 옷을 입는 것뿐만 아니라 상대가 자신을 기억해주길 바라는 마음에서 자신만의 헤어스타일과 화장법을 고수하며 이미지 관리를 한다.

일반 직장인에게도 자기관리는 선택이 아니라 필수가 되었다.
'인간지의人間之衣 재명미덕在明美德 재신민在新民 재지어지선在之於至善'이란 말이 있다. '옷을 입는다는 것은 곧 아름다움과 덕을 바깥으로 내보이는 것이고, 사람을 새롭게 하고, 더 나아가 선하게 만든다'는 뜻이다. 옷은 그 사람의 성격이나 가치관, 직업의식을 적극적으로 표현하는 수단이다. 뿐만 아니라 그 사람의 지위, 개성, 매력을 나타내는 창이 되기도 한다.

'아줌마' 하면 떠오르는 패션은 무엇인가? 몸빼 바지다.
'커리어 우먼'이라는 단어에서 떠오르는 패션은 정장 치마다. 하얀 가운은 의사, 약사, 간호사를 상징하며, 카키색은 군인의 상징이다. 이렇듯 패션은 우리에게 어떤 이미지를 떠올리게 한다.

이상봉 디자이너가 쓴 칼럼 중에 인상 깊게 읽은 대목이 있다. 각국 영부인들의 패션을 통해서 그들이 어떤 이미지를 가지고 있는지, 패션이 상징하는 영부인들의 특징을 소개한 내용이었다. 간단히 소개해보면 다음과 같다.

우선 케네디 대통령의 영부인 재클린 케네디는 31세라는 젊은 나이에 백악관에 입성해서 레드, 오렌지, 옐로, 핑크, 블루 등 밝은 색상의 옷을 주로 입었다. 그녀의 패션은 딱딱하기만 한 백악관에 활력을 불어넣었다. 재클린 케네디는 퍼스트레이디로서 전형적인 워싱턴 스타일의 드레스 대신 7부 소매의 프렌치 정장을 즐겨 입었다. 또 군더더기 장식이 없는 깔끔한 컬러 드레스에 진주목걸이와 흰 장갑을 착용하여 포인트를 주는 데 능했다. 재클린은 대학 시절 패션 잡지 『보그』 주최로 열린 공모전에서 1등을 했을 만큼 패션 감각이 뛰어났다. 재클린의 패션은 '재키 스타일'로 불리며 뉴스의 톱을 장식할 정도로 화제가 되었다. 그녀가 기자들로부터 얼굴을 가리기 위해 착용한 커다란 선글라스마저 크게 유행할 정도였다.

이상봉 디자이너는 영국의 다이애나 비에도 주목했다. 다이애나 비는 재클린과는 다른 면에서 주목을 받았다. 다이애나 비는 황태자비에 걸맞은 우아함과 단아한 스타일을 즐겼다. 그녀는 평소 기부와 자선활동을 통해 자애로운 모습을 보여주며 대중의 사랑을 받았다. 다이애나 비는 시간과 장소, 목적에 맞게 갖춰입어 황태자비 본분에서 벗어나지 않는 스타일을 선호했다. 자선사업에 열정을 기울인 그녀답게 흰색 셔츠와 짙은 색 스커트, 네이비 컬러(짙은 푸른색)의 재킷을 즐겨 입었으며 실용적이고 합리적인 면모를 보여주었다.

오바마 미국 대통령의 부인인 미셸 오바마는 자신과 두 딸을 위해 미국의 대중적인 브랜드 제이크루J.Crew를 즐겨 구매함으로써 서민들에게 대통령의 가족도 일반 대중과 같은 옷을 입는다는 동질감을 주었다. 또 중요한 자리에서는 제이슨 우, 타쿤 같은 미국에서 활동하는 젊은 아시아계 디자이너의 옷을 입음으로써 미국에 거주하는 유색인종을 대변하는 모습을 보여준다.

물론 빡빡한 일상을 보내는 일반 직장인들이 수십 벌의 옷을 갖추어놓고, 때와 장소에 맞게 자기 스타일을 만들어가기란 어렵다. 그렇기 때문에 무리한 시도를 하기보다는 몇 가지 원칙을 염두에 두고 최선은 아니더라도 최악은 피하는 것이 좋다.

첫째, 옷은 나이에 맞게 입는 것이 좋다. 어른들이 여고생에게 흔히 하는 말이 '너희 때는 교복을 입어도 예쁘다'라는 것이다. 그때는 몰랐는데 나이를 먹고 나니 후배들의 교복 입은 모습만 봐도 예쁘다는 생각을 한 적이 있지 않은가? 교복을 입은 학생의 모습이 아름다운 이유는 그 나이 때만 할 수 있는 옷차림이기 때문이다.

나이가 어린데 어른스럽게 입거나, 나이 많은 사람이 어린 사람처럼 옷을 입으면 부자연스러울 뿐만 아니라 왠지 성숙하지 못한 인격을 드러내는 것처럼 보인다. 나이 든 사람이 자신의 체형과 나이를 생각하지 않은 채 젊은이들이 즐겨 입는 최신 유행 패션을 입는다면 어쩐지 품위가 없어 보인다. 또 경제 사정을 고려하지 않고 유명 브랜드 옷만을 고집하는 것도 적절하지 않다. 때와 장소에 맞는 옷차림도 중요하지만 자신의 나이, 경제 형편, 사회적 지위에 어울리는 옷차림이 중요하다.
멋진 옷차림을 위해서는 전체적인 조화를 생각해야 한다. 사람과 옷이 따로 노는 것처럼 어색하지는 않은지, 활동하기는 편한지, 옷의 색상·소재·디자인이 자신의 피부색이나 체형에 어울리는지를 따져봐야 한다. 백화점이나 옷가게에 걸려 있는 옷들은 멋있어 보이지만 막상 입어보면 어울리지 않는 경우가 많다. 자신이 좋아하는 색상과 스타일이 의외로 어울리지 않는다는 것을 인정해야 한다. 이것이 옷 잘 입는 요령의 첫 단계다. 비록 코디네이터나 스타일리스트처럼 패션에 대해 전문가 수준으로 알고 그대로 입기는 힘들겠지만 조금만 신경 쓰면 당신이 원하는 분위기에 맞도록 스타일을 변신시킬 수 있다. 한 벌에 100만 원이 넘는 비싼 정장도 어떤 사람이 입으면 싸구려처럼 보이는 경우가 있다. 반대로 저렴한 옷이지만 깔끔하고 세련된 분위기를 내는 사람이 있다. 옷을 고를 때 첫 번째 기준은 바로 '나 자신'이라는 것을 잊지 말자.

두 번째, 패션에 대한 몇 가지 상식을 알아둘 필요가 있다. 패션 강국인 프랑스에서는 어머니들이 자녀에게 '옷을 입을 때 세 가지 색 이상으로 꾸미면 안 된다'라고 가르친다. 프랑스 어머니들의 말처럼 옷차림에서 가장 큰 포인트는 색의 조화에 있다고 해도 과언이 아니다. 색채심리 이론에 따르면 어떤 사람의 이미지는 그가 입고 있는 옷 색깔에 의해 결정된다고 한다.

옷의 색깔을 결정할 때는 일단 사회적으로 통용되는 색인지를 생각해야 한다. 예를 들어 장례식장에 갈 때는 검은색 옷을 입어야 하고, 결혼식장에서는 하얀색이나 화려한 색을 피해야 한다. 또한 프레젠테이션이나 면접을 보러 갈 때는 네이비나 회색 계열의 복장으로 신뢰도를 높이고, 윗사람과 함께 하는 비즈니스 자리에서는 검은색 옷을 입지 않는 것이 좋다.

그다음에는 자신이 좋아하는 색상을 고려하자. 임의로 선택하는 옷이나 소품의 색상을 조화롭게 배색 처리하는 것만으로도 자신을 더욱 돋보이게 할 수 있다. 또한 자신만의 포인트로 액세서리를 하거나, 옷의 가짓수가 적어도 다양한 분위기로 배합할 수 있다면 품격 있는 멋쟁이로 거듭날 수 있을 것이다.

2. 헤어, 성공을 염색하라

연예인들이 이미지 변신을 위해 가장 많이 사용하는 방법이 헤어스타일을 바꾸는 것이다. 헤어스타일도 자신의 이미지를 결정짓는 중요한 요소이므로 직업이나 상황에 맞게 하는 것이 중요하다. 특히 여성들은 그날의 기분에 따라 혹은 취향에 따라 헤어스타일을 바꾸는 경향이 있다. 긴 머리의 여성이 어느 날 갑자기 머리를 짧게 자르고 나타나면 '실연당했나?' 하는 눈길을 보내기도 한다. 이 같은 편견도, 여성들이 심경의 변화가 있을 때, 혹은 기분 전환을 하고 싶을 때 헤어스타일을 바꾸는 특성이 있기 때문이다.

하지만 비즈니스 세계에는 눈에 보이지 않는 규칙이 존재한다. 헤어스타일도 마찬가지다. 무작정 기분이나 유행에 따르기보다는 상대에게 호감을 주는 깔끔하고 단정한 헤어스타일을 유지하는 편이 바람직하다.

또 하나 중요한 점은 체형에 따라 옷을 입어야 하듯이 헤어스타일도 자신의 얼굴형에 맞춰야 한다는 것이다. 우리나라 남자들은 각진 얼굴형이 많다. 얼굴이 각지면 딱딱한 느낌을 주므로 부드러운 헤어 이미지 연출이 필요하다. 스타일에 변화를 줄 수도 있지만 검은 머리를 브라운 계열로 염색하는 것도 하나의 방법이 될 수 있다.

삼각형의 얼굴은 턱이 넓고 광대뼈가 튀어나와 보이기 때문에 머리에 볼륨감을 주는 것이 좋다. 역삼각형인 남성은 날카로운 인상을 주기 때문에 따뜻한 색으로 염색을 하거나 머리 길이를 약간 길게 한다.

둥근 얼굴은 갸름하게 보이는 것이 포인트다. 가르마를 타서 가지런한 느낌을 주고 머리 윗부분을 약간 살려주면 갸름해 보인다.

해가 바뀔수록 흰머리가 늘기 시작하면
'염색을 해야 하나 말아야 하나' 고민하게 된다. 남성의 경우 흰머리는 일명 '로맨스그레이romance gray'라고 하여 점잖음, 경륜, 전문성을 상징하기도 해서 전략적으로 염색을 하지 않는 사람도 있다. 하지만 여성은 흰머리가 보이면 늙어 보이고, 자기관리에 소홀하다는 느낌을 주기 때문에 염색을 하는 것이 좋다. 그렇다면 염색이 필요한 사람은 검은색으로 염색해버리면 그만일까? 아니다. 이때도 색채이론이 도움이 된다. 이를 활용해 자기에게 맞는 색을 고를 필요가 있다.

색채학에서는 색을 크게 '따뜻한 색'과, '차가운 색'으로 나눈다.
1928년 색채학자 로버트 도어Robert Dorr는 사람의 피부색에도 이 이론을 적용하여 인종에 상관없이 모든 피부는 차가운 블루가 베이스인 '쿨Cool 타입'과 따뜻한 옐로가 베이스인 '웜Warm 타입'으로 나뉜다고 말했다.
또한 스위스의 화가이자 바우하우스의 교사인 요하네스 이텐Johannes Itten은 자연의 사계절 색과 사람의 피부색을 연관시켜 '사계절 타입'이라는 이론을 만들었다.
이후 이 이론을 바탕으로 현재까지 많은 사람들이 자신에게 어울리는 색을 찾아 활용하고 있다. 이렇게 자신의 신체 색과 조화를 이뤄 자신을 돋보이게 하는 컬러를 '퍼스널 컬러'라고 한다. 퍼스널 컬러를 옷뿐만 아니라 머리 염색에서도 활용하면 단점을 보완하고 장점을 살리는 효과를 기대할 수 있다. 퍼스널 컬러는 개인의 고유한 색상이지만, 나이가 들어가면서 조금씩 변하기 때문에 전문가의 도움을 받는 것도 좋은 방법이다.

자신의 피부가 노르스름한 톤으로 얼굴에 잡티가 잘 생기고, 눈동자는 밝은 갈색을 띤다면, 봄 타입이라 할 수 있다. 전체적으로 밝고 화사한 이미지로 동안인 사람에게는 아이보리, 베이지, 핑크, 피치, 옐로 등이 잘 어울린다. 차가운 느낌이 나는 블랙, 화이트, 그레이 등은 피해야 한다.

피부가 희고 잘 붉어지는 특성이 있어 햇볕에 그을렸을 때 검게 타는 것이 아니라 붉게 익는 사람은, 대체로 머리카락과 눈동자의 색깔이 부드러운 갈색 계열이다. 이런 사람은 여름 타입이다. 여름 타입에는 핑크 계열이나 하늘색을 비롯한 파스텔톤의 컬러가 잘 어울리는 반면 골드, 그린, 오렌지, 비비드한 옐로 컬러는 어울리지 않는다.

약간 어둡고 거칠게 느껴지는 노르스름한 피부 톤으로 햇볕에 쉽게 그을리는 사람은 가을 타입이다. 이들은 머리와 눈동자가 짙은 갈색을 띠는 경우가 많다. 전체적으로 성숙한 이미지를 풍기는데, 옐로를 바탕으로 하는 브라운과 골드, 올리브그린 같은 색은 잘 어울리지만, 화이트, 블랙, 실버, 실버그레이 같은 색은 피하는 것이 좋다.

마지막으로 아주 흰 피부에, 검은 눈동자와 검은 머리카락을 지녀 뚜렷한 인상을 가진 사람은 일반적으로 이지적인 이미지를 풍기는 겨울 타입에 해당한다. 파란 기가 도는 핑크와 퍼플, 실버, 블랙이 잘 어울린다. 하지만 옐로, 오렌지, 아이보리 같은 따뜻하고 희미한 색은 어울리지 않는다.

3. 향수, 패션의 마지막 이미지

미국의 섹스심벌 마릴린 먼로는 "잘 때 무엇을 입고 자느냐"는 기자의 질문에 "알몸에 샤넬 No. 5를 걸친다"고 해서 상당한 파장을 일으킨 적이 있다. 이 한마디로 샤넬 No. 5가 마릴린 먼로만큼이나 유명세를 탔다. 향수를 '입는다'라고 표현할 만큼 향수도 옷차림 못지않게 중요하다. 옛날 중국에서는 여인들이 각기 다른 향을 통해 자신의 감정을 나타냈다고 한다. 고대 로마의 황제도 식욕을 돋우기 위해 꽃잎으로 향을 낸 물을 항상 곁에 두었다고 하니, 향수는 예부터 우리 삶에서 중요한 몫을 담당했던 듯싶다. 요즘에도 향수는 외출 준비의 마지막 단계에서 꼭 챙겨야 하는 것으로 여겨진다. 향수 냄새가 좋다는 말은 그 사람과 향기가 잘 어울린다는 칭찬이 되기도 한다.

향수는 같은 향이라도 개인의 체취에 따라 조금씩 달라질 수 있기 때문에 다른 패션 요소들과 마찬가지로 자신에게 잘 맞는 향을 골라야 한다. 더불어 아무리 좋은 향이라도 적당한 양을 사용해야 하고, 모든 사람이 향수 냄새를 좋아하는 것은 아니므로 때와 장소에 맞게 사용해야 한다.

상황에 맞는 향수 사용법은 기본적인 에티켓이다. 사무실에서는 다른 사람에게 자극이 적은 가벼운 향을 사용하는 것이 좋고, 파티나 모임에 갈 때에는 섹시한 분위기를 연출할 수 있는 퍼퓸이나 사향 같은 관능적인 향으로 바꿔보는 것도 좋다.

어느 정도 시간이 지나면 화장을 고치듯 향수도 다시 뿌려주어야 한다. 향수는 시간이 지나면서 본래의 향이 날아가 자극적인 알코올 냄새만 남거나 다른 냄새와 섞여 향이 변할 수도 있다. 따라서 좋은 향을 연출하기 위해서는 향수를 뿌리는 타이밍이 중요하다. 식사 약속이 있을 때에는 두세 시간 전에 뿌리고, 오페라나 발레 등 공연을 관람할 때는 공연 시작 한 시간 전에 뿌리는 것이 좋다. 쇼핑이나 일반적인 외출이라면 외출 직전에 뿌려도 된다. 또 향수는 온도가 높으면 향이 오래 남기 때문에 사람들이 많은 밀폐 공간이나 여름철에 사용할 경우에는 세심한 주의가 필요하다.

향수는 아침에 뿌린 것과 같은 향을 뿌리는 것이 기본이다. 농도가 짙은 향수는 맥박이 뛰는 곳에 뿌리는 것이 일반적인데 무릎 안쪽과 바깥쪽, 손목, 팔꿈치 안쪽, 귀 뒤쪽 등에 뿌리면 효과적이다. 그중에서도 팔꿈치 안쪽과 무릎 안쪽에 뿌리는 것이 가장 좋다. 이곳이 체온이 높고 움직임이 많은 부위이기 때문에 향이 오래 지속되면서 효과적으로 향수 냄새를 맡을 수 있다.

향은 피부의 피질, 모공 상태, 체온에 따라서 미묘한 차이가 나므로 겨드랑이처럼 땀이 많이 나는 곳에는 뿌리지 말아야 한다. 또 향기는 아래에서 위로 올라오는 성질을 가지고 있으므로 치마 밑단에 향수를 뿌려주면 걸을 때마다 치맛단이 살랑거리며 향기가 난다. 손목 안쪽은 물건을 만지는 기회가 많기 때문에 향기가 빨리 없어진다. 또 손을 씻을 경우 물기에 닿으면 향기가 변하기도 한다. 사람들이 많이 모이는 장소에서는 허리 아래쪽에만 향수를 뿌린다. 발목 안쪽과 치마 밑단, 무릎 안쪽, 스타킹 등 아래쪽에 뿌리도록 하자. 위쪽에 뿌려 강한 향기를 내뿜는 것은 다른 사람들에게 실례가 되는 행동이다.

몸에 직접 바르는 것이 싫다면 머리카락 끝에 가볍게 뿌리거나 손수건에 뿌려 가지고 다니면 된다. 향수를 고를 때에는 냄새에 민감한 저녁에 고르는 것이 좋다. 향수를 고를 때에는 다른 사람들은 어떤 향수를 쓰는지 신경 쓰지 말고 자신의 분위기와 체취에 적합한 것을 선택하는 것이 핵심이다.

Point

- 옷을 잘 입어야 하는 이유는 허영이나 사치가 아닌, 상대에 대한 배려 때문이다.
- 첫인상은 무엇보다 중요하다. 첫인상을 결정하는 핵심 요인은 외모다.
- 자신에게 어울리는 패션을 알고, 패션 상식을 숙지하라.
- 때와 장소에 맞지 않는 패션은 테러다. 패션은 조화라는 것을 잊지 말자.

4 새파랗게 젊은 그대

VS

숫자에 얽매이지 말고 젊음을 브랜딩하라

젊음은 특권일까. 요즘처럼 청년이 살기 힘든 시대에는 젊음이 특권이라는 말이 무색해진다. 그럼에도 나이 든 사람들은 젊다는 이유 하나만으로도 청년이 부럽다고 생각한다. 아무리 돈이 많아도 젊음을 살 수는 없는 노릇이다. 시간이 지나면 지날수록 젊음에 대한 갈망은 커져만 가고, 빨리 흐르는 세월이 야속하기만 하다.

사회가 각박해지다 보니 20대 젊은이들마저 '학교 다닐 때가 좋았다'며 한숨을 내쉬는 모습을 왕왕 본다. 그런데 다시 그 시절로 돌아갈 수 있다면, 우리는 정말 신나게 젊음을 만끽하며 하루하루를 보낼 수 있을까? 이런 질문을 과감하게 스크린에 옮긴 영화가 있다.

아들 자랑이 유일한 낙인 욕쟁이 할머니 오말순은 하나뿐인 아들을 힘들게 키워 교수까지 만들었지만 남은 건 늙고 병든 몸뿐이다. 심지어 자신을 요양원으로 보내려 하는 가족들의 꿍꿍이까지 알게 되어 더욱 서글프다. 할머니는 착잡한 마음을 안고 밤길을 방황하던 중 사진관에 들어가 영정사진을 찍게 된다. 그런데 끝이라고 생각했던 오말순의 인생은 그 순간 송두리째 뒤바뀐다. 그 길로 오말순은 50년이나 젊어져 스무 살의 처녀로 돌아가는 믿을 수 없는 일이 벌어진다. 예쁜 얼굴과 건강한 몸, 고운 목소리까지 얻은 젊은 오말순은 '오두리'가 되어 가수를 준비하고, 젊은 남자와의 로맨스도 생긴다. 어린 나이에 남편을 잃고 혼자 힘으로 아들을 키우느라 가수의 꿈을 접어야만 했지만 젊음이라는 무기로 다시 꿈을 꿀 수 있게 되었다. 역시나 젊은 오말순, '오두리'에게는 어떤 방해물도 존재하지 않는 무한한 가능성이 기다리고 있었던 것이다.

– 영화 〈수상한 그녀〉 줄거리

영화 〈수상한 그녀〉의 오프닝에는 이런 내레이션이 흐른다.

"여자 10대는 통통 튀는 농구공, 모든 남자들이 그녀를 쟁취하기 위해 뛰어오른다. 20대는 럭비공, 남자들이 어디로 튈지 모르는 공을 차지하기 위해 치열한 사투를 벌인다. 30대는 탁구공, 치열하진 않지만 집중력이 높다. 40대는 골프공이다. 한 남자가 공 하나만을 바라보고, 경쟁자는 없다. 50대 이후는 남에게 던져주는 피구공으로 전락한다."

여자의 나이를 공에 비유한 대목이다. '젊음'보다는 '늙음'으로 이미지가 치우칠수록 우리는 '센 분'이 되는 기회를 잃기 쉽다. 사람들은 본능적으로 젊음을 좋아하며, 노인보다 젊은이에게 매력을 느낀다.

나이만큼 사람을 약하게 만드는 것도 없다. 세월의 흔적처럼 처지는 피부와 불어나는 뱃살, 그리고 어느 날 노안으로 가까이 있는 글씨가 보이지 않을 때 헛웃음이 나온다. 친정어머니가 거울 앞에서 "나도 늙는구나" 하고 한탄하시는 게 그렇게 싫었는데, 나도 어느새 그 말을 똑같이 따라하고 있다. 거울 앞에 서거나 셀카를 찍기 싫어하게 된 것도 어쩌면 세월 앞에서 늙어가는 내 모습을 확인하고 싶지 않기 때문이 아닐까.

그런데 영화 〈수상한 그녀〉에서처럼 과거로 돌아가면 정말 모든 일이 만사형통, 술술 풀리며 젊게 살 수 있을까. 영화에서는 우울한 노년과 발랄한 청춘을 극명하게 대비시키며 스토리를 풀어나가지만, 실제로 그런 일이 벌어진다면 장밋빛 인생이 펼쳐질 것이라고는 생각하지 않는다. 청춘은 청춘대로 아프고, 노년은 노년대로 가치가 있다(이 영화 또한 그런 생각을 은연중에 내포하고 있다고 본다). 다만 우리가 나이 듦의 부정적 측면만 더 예민하게 받아들이는 경향이 있을 뿐이다. 실제로 나는 콤플렉스 덩어리였던 10대나 20대로 돌아가고 싶지 않다. 당당해진 지금의 40대에 만족한다.

곰곰이 생각해보면 나이가 든다는 것도 상대적인 개념이다. 20대 대학교 복학생이 스무 살짜리 신입생들을 바라보며 "나도 늙었구나"라고 한탄하는 모습이 중장년층이 보기엔 우습기만 한 것과 같다. 도시에서 50대는 제법 나이가 있는 축에 속하지만 농촌에 가면 '청년 이장'으로 막내 취급을 받는다. 노인정에 가서 60대가 노인 행세를 하면 80대 형님에게 혼쭐이 난다. 나이는 숫자에 불과할 뿐 젊음 또는 늙음을 결정짓는 잣대가 될 수 없다.

질풍노도의 시기라고 불리던 사춘기 시절. 누구나 한번쯤은 '나는 누구인가?'라는 철학적 질문에 사로잡힌 적이 있을 것이다. 하지만 답을 찾기는 쉽지 않아서 생각의 미로 속을 헤매기 일쑤였다. 젊음과 늙음이라는 문제 앞에서 우리는 또다시 '나는 누구인가?'라는 질문을 던져보아야 한다. 지금 다시 해보는 그 질문은 사변적이거나, 혹은 한없이 철학적인 질문이 아니다. 매력을 찾아줄 자신의 장점을 정확히 알기 위한 당면한 과제이자 현실에서 풀어야 할 숙제다.

늙지 않고 타인의 마음에 생생히 다가갈 수 있는 방법 중 하나가 앞서 언급했던 퍼스널 브랜딩이다. 이 장에서는 퍼스널 브랜딩의 개념과 활용법을 좀 더 자세히 소개하고자 한다.

자본주의 사회에서 모든 상품은 하나의 브랜드로 귀속된다. 사람의 인격은 상품에 비교할 수 없을 만큼 소중하지만 우리가 타인을 인식하는 방법은 상품의 브랜드를 바라보는 시선과 크게 다르지 않다. 당신은 누구인가? 당신 스스로를 단 한 줄로 표현할 수 있는가? 누군가를 멋진 광고 카피 같은 한 줄로 표현할 수 있다면 그는 성공한 '센 분'임에 틀림없다. 이순신 장군, 김구 선생 같은 위인은 시간을 초월하여 아직도 우리 가슴에 남아 심장을 뛰게 한다. 누구도 그들을 노인이라 생각하지 않는다.

기업은 소비자에게 '우리는 어떤 기업이며, 우리가 만든 제품은 어떤 것이다'라고 시시콜콜 설명하지 않는다. 브랜드를 통해 이 모든 것을 단번에 설명하고 고객의 머릿속에 깊숙이 각인시키기 위해 노력한다. 복잡한 사고를 거치거나 일일이 따져볼 필요도 없이 순식간에 하나의 이미지를 만들어내는 게 브랜드의 힘이다.

브랜드 효과는 개인이 사회생활을 하거나 인간관계를 맺어나가는 데에도 그대로 적용된다. '홍길동'이라는 이름을 생각해보자. 그 이름에 부여된 브랜드가 있다. 홍길동이라고 하면 '동에 번쩍, 서에 번쩍' 신출귀몰하는 이미지가 떠오른다. 동시에 뛰어난 무예 실력이 연상되고 '서민들을 못살게 구는 탐관오리를 혼내주는 정의의 용사'라는 이미지가 떠오른다.

춘향이도 마찬가지다. 아름다운 외모와 정절, 끝내 사랑을 이루어내는 강인한 의지를 생각나게 한다. 이처럼 우리가 흔히 듣는 이름에도 브랜드가 내재되어 있다.

그렇다면 당신의 이름은 어떤가. 주변 사람들, 당신을 알고 있는 커뮤니티 내에서 당신의 이름은 어떻게 브랜드화되어 있을까. 똑똑하고 성실한 사람? 게으르지만 똑똑한 사람? 혹은 귀엽지만 일은 잘 못하는 사람? 표현 방식은 수도 없이 많겠지만 사람들은 당신의 이름을 듣는 순간 무언가 떠올리는 것이 있을 것이고, 그 인식을 바탕으로 당신을 이미지화하고 브랜드화한다.

브랜드가 구체화되는 양상과 그 효과를 보여주는 기업들의 사례가 있다.

1986년 미국 시장에 '엑셀'이라는 자동차로 진출한 현대자동차는 첫해에 16만 대를 판매하는 기록을 세웠다. 당시 미국 시장은 현대차의 놀라운 실적을 보고 긴장하면서 향후 추이를 지켜보고 있었다. 시작은 좋았지만 2년이 흐른 후 소비자들로부터 품질에 대한 불만이 하나둘씩 터져나왔다. 이렇게 시작된 품질에 대한 실망감은 판매에도 큰 영향을 미쳐 1998년 미국 시장 9만 대 판매라는 실망스러운 성적표를 받는다. 미국 소비자들은 현대라는 브랜드에 대해 '값은 싸지만 품질이 별로인 자동차를 판매하는 회사'로 인식하기 시작했다.

현대자동차는 이러한 인식을 불식시키기 위해 '10년, 10만 마일 보증Warranty' 정책을 들고 나왔다. 소비자가 현대자동차를 10년, 10만 마일을 타는 동안 제품을 보증하겠다는 것이다. 자동차를 그렇게 장기간 보증한다는 게 결코 쉬운 결정은 아니었지만 현대자동차는 자사 제품에 대한 신뢰를 바탕으로 이 정책을 꾸준히 밀고 나갔다. 이와 함께 지속적인 홍보와 영업사원들의 노력으로 현대자동차에 대한 인식이 조금씩 개선되었다. 마침내 현대자동차는 2013년 미국 시장에서 최고의 매출 기록을 내는 데 성공한다.

삼성이라는 브랜드는 한국 기업의 대표 주자다. 중국에서 삼성 스마트폰은 벤츠 같은 명품 브랜드 이미지로 자리 잡고 있다. 하지만 처음부터 그랬던 것은 아니다. 중국 휴대전화 시장은 삼성이 진입할 때 이미 외국의 많은 브랜드들이 치열하게 경쟁하고 있었다. 특히 노키아는 시장점유율을 20퍼센트 가까이 기록하면서 1위를 확고히 고수하고 있었다. 당시 삼성 휴대전화 애니콜이 처음 중국에 진입했을 때 중국인들은 특별한 관심을 보이지 않았다. 삼성은 명품을 브랜드의 핵심 가치로 삼고 중국인들의 마음을 사로잡기 위해 노력했다. 가격만 높인다고 명품이 되는 것은 아니다. 삼성은 디자인 품질을 혁신적으로 높이기 시작했고, 광고와 이벤트를 통한 브랜드 이미지를 구축하면서 철저한 사후 서비스는 물론 지속적으로 신상품을 선보이면서 서서히 명품으로 인정받았다. 할인매장 등 값싼 제품을 판매하는 시장에는 아예 휴대전화 자체를 판매하지 않아 귀한 제품이라는 이미지를 심어줄 수 있었다. 결국 애니콜은 고급 제품 시장에서 1위를 기록하면서 시장점유율을 휩쓸기 시작했다. 중국의 부자들과 여성들은 애니콜을 갖는 것만으로 자신의 지위가 상승한 듯한 기분이 들었다고 고백한다.

시계 브랜드 로만손은 독특한 브랜드 전략을 구사하고 있다. 로만손은 한국 기업인이 한국에서 제조하는 제품이지만 해외로 수출되는 제품에는 'Made in Korea'라는 표시를 하지 않는다. 로만손의 김기문 사장이 중동 지역에서 수출 상담을 마친 후 한국으로 돌아오는 비행기를 탔는데, 외국인 여성 승무원이 로만손 시계를 차고 있었다. 김기문 사장이 시치미를 떼고 "그 시계 좋아 보이는데, 어느 나라 제품이에요?" 하고 물어보았다. 그러자 그녀는 "스위스 명품 브랜드예요"라고 대답했다. 이후로 김기문 사장은 자사의 제품에 굳이 한국 제품이라는 것을 표시하지 않는다. 로만손의 '마케팅 같지 않은 마케팅'은 색다르다. 완전히 드러내지도 않고, 그렇다고 속이거나 감추지도 않는 브랜드 전략이다. '시계 하면 스위스 시계'라는 공식이 통하는 한 로만손의 전략은 지혜롭다고 할 수 있다. 스위스라는 브랜드의 힘을 자연스럽게 끌고 가는 것이다.

물론 이 브랜드들은 앞으로도 수없이 많은 위기에 부딪힐 것이다. 위기 관리를 잘해야 꾸준히 사랑받는 브랜드로 살아남을 것이다.

지금부터는 개인이 브랜드가 되는 일화들을 살펴보겠다.

유엔 사무총장 반기문, 발레리나 강수진, 피겨스케이트 선수 김연아……. 이들의 공통점은 무엇일까? 자신의 이름이 하나의 브랜드로 자리 잡아 세상에 영향을 미치는 사람이라는 것이다.
기업이나 제품만이 세상에 영향을 미치는 브랜드가 되는 것이 아니라 개인도 사회적으로 큰 영향을 미치는 브랜드가 될 수 있다. 이는 이미 많은 사례와 마케팅의 대가들의 이론에 의해 알려진 바 있다. 그들뿐만 아니라 끊임없는 자기관리를 통해 일관된 모습을 보여주는 프로라면 자신의 이름이 곧 하나의 브랜드가 될 수 있다.

기업인의 이미지 전략은 자신의 이미지를 좋게 하는 데서 끝나지 않는다. '경영 실적'이라는 실체를 담은 자신의 정체성을 찾아 완성해가는 작업이다. 애플의 창업자 스티브 잡스를 생각해보자. 대중들은 스티브 잡스가 가진 여러 가지 장점을 흠모한다. 그는 개성 있고 창의적인 자신의 이미지를 애플의 기업 이미지와 동일화했다. 스티브 잡스라는 개인에 대한 호평이 늘어날수록 애플의 브랜드 가치는 동반 성장했고 경영 실적도 좋아졌다. 대표 기업인의 브랜드 가치는 브랜드 자산이다. 안철수연구소가 코스닥에 등록할 때 10퍼센트의 CEO 프리미엄이 더해졌다고 한다. 안철수라는 인물에 대해 소비자가 가진 호감도가 반영된 것이다.

우리나라 최초의 개인 브랜드는 아마도 '이명래 고약'일 것이다. 젊은 세대에게는 생소하지만 연배가 있는 사람들에게는 친숙한 이름이다. '성신제 피자', '김찬월 가모', '정철 어학원', '박승철 헤어' 등도 개인의 이름을 브랜드화한 것이라고 볼 수 있다. 자신의 이름 자체를 비즈니스와 연계시켜 신뢰성 있는 브랜드로 정착시킨 점에서 놀라운 시도임에는 틀림없다. 이 브랜드의 주인공을 실제로 만난다면 왠지 친숙하고 믿음직한 느낌을 받지 않을까? 일반인의 퍼스널 브랜딩도 마찬가지다. 자신의 이름 자체가 하나의 구체적인 이미지로 브랜드화될 수 있다면 비즈니스를 포함해 다양한 영역에서 사람들의 신뢰를 얻을 수 있다.

현대 사회에서 브랜드는 소통과 인지의 핵심적인 요소다. 정보가 차고 넘치는 시대에 사는 우리에게 명함은 쌓여가고 휴대전화에 저장된 연락처는 늘어만 간다. 이렇다 보니 상대의 머릿속에 확고하게 각인되는 이미지가 없으면 금세 잊히고 만다. 퍼스널 브랜드화의 궁극적인 목적은 오래 기억되는 것이다. 개성과 신뢰성 있는 캐릭터를 확보해 세월이 흘러도 늙지 않고 오히려 더 매력을 발하는 존재, 바로 '쎈 분'이 되기 위한 노력이 퍼스널 브랜딩이다.

자신의 브랜드를 찾아가는 네 가지 질문

이제부터는 자기 브랜드를 만들어 젊고 '쎈 분'이 되는 구체적인 방법을 정리하도록 하겠다. 자기 브랜드를 만드는 과정이란 자신의 실력과 내용을 내실 있게 다지고 타인에게 어떻게 보일 것인가를 결정하는 단계다. 얼핏 생각하면 포장술이라고 여길 수도 있겠지만 진정한 브랜딩은 껍데기를 치장하는 것으로 그치지 않는다.

제대로 된 브랜드 전략이란 없는 것을 과장하여 보여주는 것이 아니라, 기업이 실제로 가지고 있는 강점과 매력 요인을 잘 정리하고 표현하는 것이다.

퍼스널 브랜딩도 마찬가지다. 자신의 개성과 장점, 능력을 타인에게 보여주고 매력 있는 사람이라는 인식을 심어주는 것이 관건이다. 이는 하나의 상품이 브랜드를 통해 소비자의 니즈needs를 자극하고 선택을 받는 과정과 동일한 프로세스다.

지금부터 종이에 몇 가지 질문에 대한 답을 적으며 나의 브랜드를 찾아가는 연습을 해보자. 이 방법은 내 브랜드의 현재에만 국한되지 않는다. 지금은 부족하더라도 미래에 만들어갈 브랜드가 무엇이고 언제쯤 그게 가능할지, 그것을 위해 어떤 노력을 기울여야 할지 파악해보는 작업이기도 하다. 이 과정에서 중요한 것은 내면의 소리를 거짓 없이 들어야 한다는 점이다. 가족의 기대에 부응하기 위해, 혹은 또래 친구나 후배 경쟁자들을 물리치기 위해 과도한 욕심을 부리지는 말자.

퍼스널 브랜딩 질문 프로세스

나는 무엇을 원하는가

(자신이 좋아하는 것, 이루고자 하는 것에 대한 성찰)

나는 다른 사람들에게 어떻게 보이기를 원하는가

(자신의 미래상에 대한 구체적인 상상)

나는 다른 사람들에게 어떻게 보이고 있는가

(현재와 미래의 간극을 줄이기 위한 반성)

내가 할 수 있는 것은 무엇이고, 할 수 없는 것은 무엇인가

(현실적인 성취를 위한 용기)

퍼스널 브랜딩 스타트

나는 무엇을 원하는가?

이는 퍼스널 브랜딩에서 가장 중요한 질문이다. 그만큼 어려운 질문이기도 하다. 우리가 살아가는 동안 끊임없이 던져야

VS

할 질문이기에 이미 답을 찾았다고 착각하거나 쉽게 결론을 내리기보다는 일상 안에서 치열하게 답을 찾아보기를 권한다. 직장인의 경우 나를 돌아볼 기회를 내기가 어렵다. 매일 업무와 회식, 프로젝트에 매달리다 보면 현재 자신이 어느 지점에 와 있는지, 그리고 앞으로 어디로 나아갈지 도통 생각할 여유가 없다. 힘들고 어렵지만 구체적으로 나의 목표를 설정해보라. 목표가 명확하지 않은 상태에서는 상대 또한 나를 정확히 이해할 수 없다. 퍼스널 브랜드는 결국 사회적 상호작용을 염두에 둔 것인 만큼 '나는 무엇을 원하는가'라는 질문은 상대가 인지할 수 있는 나를 만드는 기본 작업이다.

▲ 나는 다른 사람들에게 어떻게 보이기를 원하는가?
이는 가식적인 인격을 상상하자는 것이 아니다. 자신의 미래상에 대해 구체적인 그림을 그려보자는 것이다. 이 질문의 답을 찾아가는 것은 자신의 성향에 맞는 이미지를 가꾸어가는 노력의 일환이 될 수 있다. 제품은 나름대로 소비자에게 특정한 이미지로 각인되어 있으며, 그 이미지를 통해 구매력을 획득한다. 사람과 사람의 관계에서도 마찬가지다.

▲ 나는 다른 사람들에게 어떻게 보이고 있는가?
현재 나의 모습을 직시하자는 의미다. 내가 상상하는 나의 모습과 바깥에서 바라보는 나의 모습은 다를 것이다. 두 모습 사이의 간극을 줄일 때 퍼스널 브랜딩의 성공 가능성은 높아진다. 이 질문의 답을 얻으려면 객관적으로 자신을 평가해줄 수 있는 사람이 필요하다. 고슴도치 부모는 새끼를 보고 세상에서 제일 예쁘다고 말한다. 자신과 친하지 않거나 경쟁 관계에 있는 사람의 말이 때로는 더 도움이 된다. 꼭 냉정한 비판만을 취하라는 의미는 아니다. 특히 나

자신의 매력에 관해서는 면밀하게 파악할 필요가 있다. 자신도 잘 모르는 매력이 있을 수 있기 때문이다.

△ 내가 할 수 있는 것은 무엇이고, 할 수 없는 것은 무엇인가?
목표를 지나치게 높게 잡는 것은 진정한 퍼스널 브랜딩을 하는 데 걸림돌이 될 뿐이다. 너무 멀리 있는 목표를 향해 달리면 주변 사람들에게 허황된 사람이라는 인식을 심어줄 수 있다. 자신의 현재 위치를 정확히 알고 나서 합리적인 목표를 설정해야 한다. 그리고 자신이 할 수 없는 것은 과감하게 포기하는 용기도 필요하다.

이것만은 지키자

: 퍼스널 브랜딩을 위한 세 가지 약속

건물을 지을 때는 초석이 필요하다. 겉으로 드러나지 않아 간과하기 쉽지만, 초석 없이는 건물이 지어지지 않는다. 건물의 전체 구조물은 물론이거니와 화려한 내부 인테리어도 알고 보면 초석에 의존하고 있다. 퍼스널 브랜딩에서도 초석이 필요하다. 성공적인 브랜딩을 위해서는 몇 가지 기본적인 매너와 마음가짐, 삶의 태도가 형성되어 있어야 한다는 뜻이다. 만약 이 기초가 탄탄하지 않다면 아무리 세련된 퍼스널 브랜딩도 취약할 수밖에 없다. 그리고 이 초석은 스킬이나 테크닉이라기보다는 좀 더 깊은 내면의 자세라고 할 수 있다. 이른바 삶의 내공 같은 것이다.

▲ 시간 약속, 퍼스널 브랜딩의 초석: 우리는 살면서 많은 약속을 하게 된다. 매일 출근을 하는 것은 회사와의 약속이고, 낮 12시가 되면 점심을 먹으러 가는 것도 약속이다. 결혼은 사랑에 대한 약속이고, 출산은 아이 교육과 훈육을 성실히 하겠다는 사회적 약속이다. 어떻게 보면 우리의 일상은 약속을 지키는 것의 연속이라고 해도 과언이 아니다. 정치도 경제도, 그리고 사회의 전체적인 흐름도 약속에 기초하고 있으며, 이 약속이 지켜지지 않을 때 혼란이 온다.

수많은 약속 중에서도 가장 지키기 쉬운 약속이 하나 있다. 돈이 들어가는 것도 아니고 각별히 신경 쓰지 않아도 되는 약속. 마음만 있다면 누구든지 지킬 수 있는 약속. 바로 시간 약속이다. 특히 비즈니스 세계에서 시간 약속은 따로 언급할 필요도 없을 정도로 중요하다. 일로 만나는 관계에서는 신뢰가 생명이다. '사소한 시간 약속도 지키지 않는 사람이 무슨 약속을 지킬 수 있겠는가' 하는 불신이 드는 순간, 일도 순조롭게 진행되기 어려워진다.

시간 약속을 민감하게 생각하는 어떤 기업인의 이야기다.

"식사 약속이든, 큰 비즈니스가 걸린 약속이든, 술자리 약속이든 상관없습니다. 저는 일단 시간 약속을 잘 지키지 않는 사람을 신뢰하지 않아요. 시간 엄수는 그 사람의 예민함과 철저함을 보여주는 가장 기본적인 태도이기 때문입니다. 모든 인간관계에서 예민함과 철저함이 없으면 성공하기 힘듭니다. 그저 대충대충 해서 성공할 수 있다면, 우리 사회는 그 성공이라는 것에 큰 의미를 부여하지 않겠죠. 저는 단 1분도 약속을 어기지 않기 위해서 많은 노력을 하고 있습니다. 웬만하면 약속 시간 10분 전에 도착하는 것이 가장 좋습니다.
솔직히 10분, 20분 정도 늦는 건 대수롭지 않게 생각하는 사람들이 있습니다. 그런 사람을 볼 때마다 화가 납니다. 그 사람의 무신경으로 인해 저의 시간이 아무런 의미 없이 흘러가게 되고 그것은 낭비이기 때문입니다. 내 시간을 낭비하게 만든 사람에게 좋은 감정을 갖기는 어렵겠죠."
이 기업인의 말은 퍼스널 브랜딩의 기초를 잘 보여준다. 시간 약속을 지키지 않는 사람이라는 인식을 심어주면 그럴듯한 퍼스널 브랜딩에 성공한다고 하더라도 상대에게 제대로 전달되기가 어렵다. 그 사람에게 얻을 수 있는 것이 많고 특별한 장점을 가지고 있다고 하더라도 나의

VS

시간을 낭비하게 만들었다면 불쾌한 기분이 들 수밖에 없기 때문이다.

사람은 습관의 지배를 받기 때문에 아무리 사소한 약속이라 하더라도 꼭 지키도록 노력해야 한다. 편한 사람과 만날 때는 자주 늦지만 정말 중요한 약속은 잘 지키겠다고 생각해서는 안 된다. 약속 시간에 늦는 습관이 몸에 배면 바꾸기가 어렵기 때문이다. 우리 주변을 돌아보더라도 매번 늦는 사람이 정해져 있지 않은가. 나쁜 습관은 언제든 찾아올 수 있으므로 지금 큰 문제가 없다고 하더라도 방심하지 말고 늘 긴장된 마음으로 시간을 엄수하자.

▲ 당신만의 특별한 그 무엇something special : 영화에는 다양한 캐릭터가 등장한다. 그 다양한 캐릭터들이 스토리를 만들어간다. 캐릭터는 자신을 규정짓는 일련의 특징들로 구현된다. 캐릭터들이 내뿜는 매력이 대다수 영화의 매력을 형성하는 핵심이다. 소위 명작이라 불리는 영화에는 보통 그 영화에만 존재하는 독특하고 개성 넘치는 캐릭터가 등장한다.

사람들마다 각자 나름의 성격과 특징이 있지만 가끔 좀처럼 캐릭터를 파악하기 어려운 사람도 있다. 좋고 나쁨의 평가는 둘째치고 일단 중요한 것은 나만의 캐릭터를 가지는 것이다. 캐릭터가 없는 애매모호한 사람은 타인에게 기억되기 어렵고, 인맥의 그물망 속에 포함되기도 힘들다. 누군가 당신을 떠올렸을 때 "아, 그 사람! 그 사람은 말이야……" 하면서 술술 설명할 수 있어야 한다. 이것이 캐릭터가 가지는 장점이다. 당신은 남에게 설명될 수 있는 사람인가?

자신만의 캐릭터가 있다는 말은 그에 어울리는 능력을 갖추고 있음을 의미하기도 한다. 자기만의 캐릭터와, 그 캐릭터를 뒷받침해줄 능력까지

가지고 있을 때, 진정으로 '뭔가 특별한something special' 매력을 가진 사람으로 인정받을 수 있다.

Point

- 나이 들었다는 생각이 당신을 늙게 한다.
- 자신을 매력 있는 브랜드로 만든다고 생각해보라. 무엇을 어필하고, 무엇을 감추고 싶은가?
- 당신의 캐릭터를 타인에게 인상적으로 보여줄 수 있다면 당신은 젊다.
- 셀프 브랜딩은 당신의 꿈에 맞추는 게 기본이지만, 그전에 지켜야 할 상식과 사회적 약속이 무엇인지를 생각해보자.

5 절대권력자인 그대

절대권력자인 그대
'쎈 분'인가 '쎈 놈'인가

한 사회에 존재하는 계급을 인정하고 인정하지 않고는, 반드시 정치 성향이나 사회적 의식에 따른 차이는 아니다. 현실을 어떻게 이해하느냐의 문제다. 당신은 우리 사회에 계급이 있다고 생각하는가? 유전무죄 무전유죄. 한 범죄자의 입에서 나온 말이 아직까지 회자된다는 것은 적어도 우리 사회에 자본에 따른 계급이 존재하고 있다는 반증이 아닐까.

계급의 존재를 인정할 경우 권력이라는 말이 떠오른다. 사회학자 막스 베버는 권력을 "사회적 관계에서 자신의 의지를 어떤 방해에도 불구하고 실현할 수 있는 힘의 가능성"이라고 정의했다. 유물론자들은 좀 더 구체적인 권력을 정의 내리는데, 이들은 인간이 다른 인간을 지배하는 정신적 또는 물질적인 우월함에서 비롯한 지배의 관계에 초점을 둔다. 특히 계급사회에서 한 계급이 다른 계급을 착취하는 데 동원되는 힘이 바로 권력이라고 정의된다. 이러한 권력은 상대에 대한 정신적 또는 육체적인 우월, 카리스마, 지식, 더 많은 정보, 일반적으로 충분하지 않은 물질을 마음대로 사용할 수 있는 특권, 뛰어난 조직력 등을 바탕으로 한다.

권력을 무엇으로 정의하든, 우리는 살아가면서 권력을 어떻게 다룰 것인가에 관한 고민에 부딪힌다. 수단과 방법을 가리지 않고 권력을 추구하는 사람이 있는가 하면, 권력에 철저히 복종하며 살아가는 사람도 있다. 평생 권력의 바깥에서 살며 권력을 견제하는 사람도 있고, 권력을 통제하지 못해 파멸의 길을 걷는 사람도 있다. 당신은 권력에 대해 어떻게 생각하는가?

권력에 관한 관점은 엇갈리더라도 권력을 내세워 힘 없는 사람을 억압하는 것은 옳지 못하다는 점은 분명하다. 그런데 유감스럽게도 인간은 피해자의 입장에 서면 권력의 폐해를 인지하지만 가해자의 입장에 서면 권력의 오남용을 깨닫지 못하는 경우가 허다하다. 이제까지 수많은 독재자들이 같은 실수를 반복해왔으며 상사, 고참, 선배, 교수라는 이유만으로 숱하게 벌어지는 '추악한 일'들의 근저에는 꼭대기까지 올라갔지만 오히려 시야를 잃은 인간의 오만이 자리 잡고 있다.

"짐이 곧 국가다"라는 말로 유명한 절대왕정의 상징 루이 14세는 프랑스 역사상 가장 강한 권력을 가진 왕이었다. 여섯 살에 왕위에 올라 무려 72년 동안이나 통치를 했으니 그야말로 왕으로 태어나 왕으로 죽었다고 해도 과언이 아니다. 그의 초상화나 조각, 메달과 같은 상징물을 보면 알 수 있듯이 루이 14세는 국민들에게 자신의 절대적인 왕권을 시각적으로 보여주었다. 스스로를 태양이라 지칭하면서 말이다. 루이 14세는 왕권은 신으로부터 주어진 것이라는 왕권신수설을 믿었다. 그래서 왕의 권력은 당연한 것이며 모두가 왕에게 절대 복종해야 한다고 여겼다. 루이 14세는 자신을 알렉산드로스나 헤라클레스 같은 영웅에 비교했으며, 자신을 빛내줄 화려하고 웅장한 베르사유 궁전을 지었다.

루이 14세가 죽은 지 500여 년이 지났지만 루이 14세 같은 인물은 여전히 등장하고 있다. 그래서 아마 아래와 같은 영화들도 나오지 않았을까.

〈설국열차〉는 자본주의 사회의 계급을 다루고 있다. 몇몇 위정자들의 잘못된 조치로 인해 지구는 모든 것이 꽁꽁 얼어붙어 빙하기에 접어들었다. 인류가 멸망 위기에 놓이자 살아남은 사람들은 지구의 마지막 희망, '설국열차'에 몸을 싣는다. 이 설국열차는 철저한 계급사회다. 열차의 맨 앞 칸은 지배계급이 타고, 맨 뒤 칸은 피지배계급인 춥고 배고픈 사람들로 바글댄다. 꼬리 칸에는 티켓이 없는 사람들이 타고 있다. 이곳은 물 부족, 난방 미비, 인구 과밀로 위생이나 주거 환경 등 모든것이 열악하다. 그들이 착취당하고 사는 모습은 영락없는 사회 최하층민의 모습이며, 수시로 지배층에게 훈계를 들어야 한다. 앞 칸으로 갈수록 재산이 많은 사람, 사회적 지위가 높은 사람들이 타고 있으며, 맨 뒤 칸 사람들은 꿈도 꿀 수 없는 여유와 사치를 즐긴다. 인류의 역사가 그렇듯 사회는 지배계급과 피지배계급 간의 갈등의 연속이다. 이따금 혁명이 일어나 새로운 권력자가 나타나면 지배계급과 피지배계급의 위치가 바뀌기도 하지만 지배하고 지배당하는 구조는 변함이 없다. 인류 사회의 축소판인 '설국열차'는 권력을 가진 소수자들이 사회 전반을 독점하며 절대권력을 휘두르고, 힘없는 서민과 가장 밑바닥에 있는 하층민들은 그 권력의 불평등 앞에 굴복하여 살아간다.

– 영화 〈설국열차〉 배경 스토리

엘리시움은 상위 1퍼센트만을 위한 공간으로, 지구 밖을 벗어난 우주 공간 속 새로운 비현실적인 도시다. 이곳에서는 질병과 노화, 가난, 환경 오염 따위는 없다. 그저 행복하고 평화롭기만 하다. 단 몇 초 만에 절름발이는 멀쩡히 걸을 수 있고, 형체를 모를 정도로 다쳐도 복원이 가능하며, 암환자는 깨끗하게 완치된다. 단, 이 모든 특권과 행복은 돈이 많은 부자만 누릴 수 있다. 그들은 자신들만의 파라다이스를 건설하고 모든 권리를 자기들끼리만 나눠 가진다. 누구에게도 그 혜택을 나눠주려고 하지 않으며, 사람이 살 수 없을 정도로 황폐해진 지구로부터 '엘리시움'의 세계에 침입하려는 자들을 파괴한다.

– 영화 〈엘리시움〉 배경 스토리

영화 〈설국열차〉와 〈엘리시움〉의 권력자들은 닮은꼴이다. 〈설국열차〉의 권력자로 대변되는 윌포드나 메이슨이 입버릇처럼 하는 설교가 그들의 논점을 그대로 드러낸다. 누구에게나 정해진 운명이 있으며, 각 개인이 그것을 받아들여야만 공동체가 존속할 수 있다는 것이다. 그 말의 속뜻은 개인들의 운명은 권력자가 정하겠다는 것이다. 운명을 정한다? 그것도 인간이? 불평등하다. 사회 불평등이 고착화되면 다음 세대에도 이어져 악순환의 고리가 끊어지지 않는다. 〈설국열차〉에서도 마찬가지다. 설국열차의 꼬리 칸 사람들은 살아남는 것이 목표다. 돈이 있는 자만이 탈 수 있는 설국열차에 무임승차를 하면서까지 올라탄 이유가 무엇이겠는가? 살고 싶어서다. 그런데 꼬리 칸이라도 타서 목숨을 부지했으니 권력자들이 그들을 마음대로 휘둘러도 된다고 보기는 어렵다.

권력을 가진 자는 강자로 인정할 수밖에 없다. 그러나 모든 권력자가 '쎈 분'이 되는 것은 아니다. 진정한 강함은 공포가 아닌 진정한 존중과 친근함, 편안함으로부터 온다. 당신이 가진 권력, 추구하는 권력이

크건 작건 나를 과시하기 위한 수단으로 사용하기보다는 타인을 더 효과적으로 돕고 배려하는 도구로 사용하라. 그것이 당신을 '쎈 놈'이 아닌 '쎈 분'으로 만들어줄 것이다.

절대권력 '시댁'에서의 행복 추구전

이제부터는 일상에서 부딪히는 구체적인 권력 갈등의 사례를 통해 '쎈 분'이 되는 방법을 정리해보고자 한다.

형님 온다 형님 온다 / 보고저즌 형님 온다
형님 마중 누가 갈까 / 형님 동생 내가 가지
형님 형님 사촌형님 / 시집살이 어떱데까

이애 이애 그 말 마라 / 시집살이 개집살이
앞밭에는 당추 심고 / 뒷밭에는 고추 심어
고추 당추 맵다 해도 / 시집살이 더 맵더라

둥글둥글 수박 식기 / 밥 담기도 어렵더라
도리도리 도리 소반 / 수저 놓기 더 어렵더라
오 리 물을 길어다가 / 십 리 방아 찧어다가
아홉 솥에 불을 때고 / 열두 방에 자리 걷고
외나무다리 어렵대야 / 시아버니같이 어려우랴

나뭇잎이 푸르대야 / 시어머니보다 더 푸르랴

시아버니 호랑새요 / 시어머니 꾸중새요
동세 하나 할림새요 / 시누 하나 뾰족새요
시아지비 뾰중새요 / 남편 하나 미련새요
자식 하난 우는새요 / 나 하나만 썩는샐세

귀 먹어서 삼 년이요 / 눈 어두워 삼 년이요
말 못 해서 삼 년이요 / 석 삼 년을 살고 나니
배꽃 같던 요 내 얼굴 / 호박꽃이 다 되었네
삼단 같던 요 내 머리 / 비사리춤이 다 되었네
백옥 같던 요 내 손길 / 오리발이 다 되었네

열새 무명 반물 치마 / 눈물 씻기 다 젖었네
두 폭 붙이 행주치마 / 콧물 받기 다 젖었네

울었던가 말았던가 / 베개 머리 소沼 이겼네
그것도 소이라고 / 거위 한 쌍 오리 한 쌍
쌍쌍이 때 들어오네

이 노래는 '시집살이'라는 민요다. 사촌자매가 대화를 하듯이 부르는 이 민요에는 삶의 고단함이 고스란히 묻어난다. 아내의 괴로움을 몰라주는 남편과 시집 식구들을 원망하며 시집살이에 대해 푸념하고 있다.

뜬금없이 민요를 언급한 이유는 앞으로 다룰 이야기가 고부 갈등에 담긴 권력의 메커니즘인 까닭이다. 사실 이 글을 읽는 독자 중에 고부 갈등을 겪고 있는 기혼 여성이 많을 것이라고 생각하지는 않는다. 따라서 공감하려는 노력보다는 일상에서 흔하게 만날 수 있는 권력으로 인한 갈등의 한 단면으로 이해하면 좋을 듯하다. 지금부터 언급할 갈등은 반드시 고부관계에만 해당하지 않는다. 남편과 아내, 부모와 자식, 형과 동생 사이에서도 벌어질 수 있는 일이다. 이름만 들어도 마음 따뜻해지는 가족이지만 그 안에서도 권력은 분명히 작용한다.

시어머니에게 권력자라는 이름을 붙이는 게 모질다는 인상도 줄 것이다. 시어머니라고 해봐야 거리에서 흔히 만날 수 있는 중장년의 여성들이다. 이들은 평범한 누군가의 어머니이고, 따져보면 과거에 시어머니를 모시느라 진땀 흘린 며느리들이다. 그러나 며느리와 시어머니라는 구도 안에서 시어머니는 명백한 권력자다.

아무리 좋아도 '시'어머니라는 말이 있고, "며느리가 미우면 발뒤꿈치만 봐도 밉다"라는 속담이 있다. 그만큼 고부 사이는 도저히 가까워질 수 없는 어려운 관계다. 바퀴벌레와 고부관계는 세상이 멸망해도 없어지지 않는다는 우스갯소리도 있다. 정말 시어머니와 며느리 사이는 애시당초 좋을 수 없는 것일까? 결혼제도의 근간이 바뀌지 않는 한 가능성이 희박하다고 본다. 모든 것이 빠르게 변하고 있는 시대에도 절대 변하지 않는 관계가 바로 고부관계다. 과거에 엄하고 모질기만 했던 시어머니까지는 아니더라도 시어머니는 무소불위의 권력을 자랑하는 절대 강자다. "넌 이 집안의 며느리다"라는 말 한마디면 모든 상황이 종료되며, 며느리가 아무리 현명하고 지혜롭게 시집살이를 빠져나간다 해도 시어머니 앞에서는 약자가 될 수밖에 없다. 시어머니는 '시월드'의 슈퍼 '갑'인 것이다.

결혼한 지 17년째인 나도 여전히 시어머니 앞에서는 어린 양이 된다. 아직까지 한 번도 '못 합니다', '안 됩니다', '모르시는 말씀입니다'라는 거역의 말을 해본 적이 없다. 주로 '죄송합니다', '감사합니다' 같은 말을 하게 된다. 다른 사람들의 이야기를 들어보면 그래도 나는 운 좋은 며느리다. 어떤 시어머니는 "요즘 시집살이는 시집살이도 아니다"라는 말을 입에 달고 살면서 자신은 시집살이를 시키는 축에도 못 낀다고 생각한다. 왜 시어머니는 하나같이 다른 누구에게도 하지 못할 '갑질'을 며느리에게는 하지 못해 안달하는 것인가? 왜 며느리는 시집살이를 시켜도 된다고 생각하는 것일까?

외국은 어떨까? 우리와 다를까? 우리나라에만 고부 갈등이 있다고 착각한다면 오산이다. 고부 갈등은 동서고금을 막론하고 풀리지 않는 숙제다. 서양에서는 자식들이 일찍 독립하기 때문에 결혼도 알아서 하고 시집 식구와 부딪힐 일도 거의 없을 것이라고 생각한다. 하지만 서양에도 고부 갈등이 존재한다. 심한 경우에는 한국 못지않게 힘들어 하는 며느리도 있다.

이 갈등을 풀기 위해서는 결혼제도가 만든 고부관계의 근본적인 구조를 이해해야 한다. 많은 남자들이 "우리 어머니는 아들인 내게 잘해주니까 내 아내도 딸처럼 여기고 잘해줄 거야"라고 생각한다. 하지만 며느리에게 시어머니의 존재는 가족이라기보다 직장 상사에 가깝다. 며느리와 시어머니 관계가 아무리 좋다고 해도 분명 위계질서가 존재한다. 남편은 아내와 어머니를 한 가족이라고 여기지만, 어머니와 아내는 서로를 상하 관계로 인식하는 것이다. 회사 대표(시어머니)가 나(며느리)의 사생활에 참견하고 끼어드는 상황이 평생 계속되는 것이다. 시부모 자체가 싫다기보다는 시부모와의 관계가 부담스럽고 어렵기 때문에 함께 있는 시간을 피하게 된다.

주먹이 운다(?) 생각만 해도 답답한 이름 상사

이제는 집 바깥으로 시선을 돌려보자. 집보다 직장에서 더 많은 시간을 보내는 현대인들. 가족보다 동료와 함께 하는 시간이 더 많은 것이 현실이다. 〈스트레스를 부르는 그 이름 직장 상사〉라는 영화 제목도 있지 않은가. 직장인이라면 제목만 보고도 100퍼센트 공감하게 되고, 보지 않아도 어떤 인물이 등장할지 알 것만 같다.

취업정보 업체에 따르면 직장인 1120명을 대상으로 '꼴 보기 싫은 상사와 근무하고 있는가?'라는 질문에 응답자의 84.7퍼센트가 '그렇다'고 대답했다. 반면 자신이 꼴 보기 싫은 상사인지에 대한 질문에는 76.7퍼센트가 아니라고 대답하는 아이러니한 결과가 나타났다.

영화 〈악마는 프라다를 입는다〉에 나오는 편집장 미란다는 '절대 만나고 싶지 않은 상사'이지만 많은 직장인이 겪는 상사의 모습과 유사하다. 미란다는 전 세계적으로 유명한 패션 잡지인 〈런웨이〉 편집장이자 패션계의 전설이다. 그녀가 떴다 하면 회사 전체가 비상이 걸리고, 그녀의 말 한마디에 비서의 운명이 결정되며, 그녀의 표정으로 패션쇼 품평회가 연기된다. 그야말로 절대적인 존재다. 미란다는 등장부터 심상치 않다. 카리스마 넘치는 모습으로 스크린을 장악하며 긴장감을 준다. 그녀는 완벽을 추구하는 전문직 여성이며, 성공을 위해서라면 무슨 일이든 하는 냉철한 보스다. 미란다의 비서 자리를 놓고 수많은 사람이 경쟁하지만, 감히 미란다의 자리를 넘보는 사람은 없다. 그만큼 그녀의 위치는 독보적이다. 왜? 그녀는 보스이고, 능력 있는 상사니까.

그런데 능력과 별개로 그녀가 부하직원을 대하는 태도에 호감을 표하기는 어렵다. 부하직원 앤드리아를 하녀 부리듯 하며, 업무 외에 개인적인 일까지 시킨다. 미란다의 명령과 지시에 1분 1초도 쉴 틈이 없는 앤드리아. 24시간 울려대는 미란다의 전화에 노이로제가 걸릴 지경이다. 아침에 미란다를 위해 스타벅스 커피를 대령하고 그녀의 개를 산책시키는가 하면, 폭풍우 속에서도 비행기를 대기시켜야 한다. 미란다의 쌍둥이 딸 숙제까지 해주어야 하며, 패션업계에 종사하는 사람답게 살도 빼야 하고 높은 힐을 신어야 하며 스타일 자체도 바꿔야 한다. 앤드리아의 모습은 다소 과장된 부분도 있겠지만, 그 본질은 영화 속 이야기만은 아닐 것이다.

사회생활 노하우, 직장 상사에게 사랑받는 신입사원의 자세, 직장생활 극복하기 등등. 인터넷 검색창에 사회생활과 관련한 단어만 입력해도 주르륵 나오는 연관 검색어들이다. 좀 더 괜찮은 직장인이 되기 위해 하루에도 몇 번씩 자판을 두드려보는 마음을 생각해보면 가슴이 짠하다. 빠른 일처리, 완벽한 마무리, 두터운 신임 등 선배에게 기쁨 주고 사랑받고 싶은 것이 모든 신입사원의 마음일 터. 하지만 현실은 녹록하지 않다.

우리는 조직이라는 울타리 안에 소속되어 직장인이라는 타이틀을 달고 살아간다. 그 조직들이 안정적으로 운영되는 것처럼 보여도 실상은 그렇지 않다. 2014년말 '장그래법'이 이슈가 될 만큼 화제가 되었던 〈미생〉이라는 드라마를 봐도 잘 알 수 있다. 사람에게 상처받고 힘들어한다. 뒷담화도 있고, 따돌림도 있다. 부당하게 해고되는 사람도 있고, 책임을 떠안기도 한다. 때론 아무도 필요하고 무참히 짓밟히기도 한다. 사람들은 취직하기 전에는 들어가지 못해 안달하다가 막상 취업하고 난 후에는 못 나와서 안달한다. 취직 전의 열정과 간절함은 어느새 사라지고 불평과 불만이 잔뜩 쌓이는 것이다. 〈악마는 프라다를 입는다〉에 나오는 대사를 인용해보자.

앤드리아: 잘하면 당연하고 못하면 생난리예요.
나이젤: 그럼 그만둬.
앤드리아: 그게 아니라 노력한 만큼 인정받고 싶다는 말이에요.
나이젤: 위로를 바란다고? 칭찬을 받고 싶다고? 런웨이에는 전설의 디자이너들이 이 자리를 위해 죽는 시늉을 하는 사람들도 많아. 그런데 그저 스쳐지나가는 너한테 미란다가 이해를 해야 한다고? 칭찬을 해야 한다고?

껄끄러운 권력자, 고객 대하듯 하라

시어머니 같은 가족. 악마 같은 상사. 언제든 내 일로 닥쳐올 수 있는 현실이다. 내가 권력자가 될 수도 있고, 권력의 희생자가 될 수도 있다. 원칙적으로는 역지사지의 태도가 해결 방법이다. 시어머니도 고달픈 며느리였던 시절을 떠올리면, 며느리도 언젠가 시어머니의 입장이 될 것을 생각하면 서로의 마음을 이해할 수 있을 테니까 말이다. 모든 상사는 누군가의 부하직원이었던 때가 있을 것이고 그 시절을 생각한다면 그리고 부하직원은 진급과 책임의 압박에 짓눌린 상사의 입장을 고려하면 입장 차이를 조금은 좁힐 수 있을 것이다.

그러나 이는 쉬운 일이 아니다. 나는 서로에 대한 배려를 전제하되, 마음을 비우는 것으로 출발하라고 조언하고 싶다. 고객 대하듯 하라는 말은 너무 많은 기대를 하지 말자는 뜻이다. 영업사원과 서비스업 종사자들은 "고객은 원래 그렇다"라는 말을 가슴에 품고 산다. "고객은 개구리다"라는 말도 있다. 어디로 튈지 모르므로 미리 각오하고 당황하지 말라는 것이다. 고객을 골라서 서비스할 수는 없는 노릇이므로 '내 복이려니, 팔자려니' 하고 넘길 수 있어야 한다. 그렇지 못하면 일을 하기가 어려워진다.

내가 서비스업 종사자들을 대상으로 교육할 때마다 꼭 하는 말이 있다.

"여러분은 이 분야의 프로들입니다. 프로답게 여러분의 역할에 최선을 다하는 것이지 고객의 시중을 드는 것이 아닙니다. 고객은 왕이고 직원은 시녀, 이런 구조라면 정말이지 살맛 안 나는 거 아닙니까?"

자기 역할에 최선을 다하는 것과 고객의 시중을 드는 것. 당장 행동으로 드러나는 큰 차이는 없을지 몰라도 장기적으로 그 직업에서 성공하고 스스로 성장하는 데 큰 영향을 준다. 고객을 바꾸려 하지 말고 나를 바꾸어야 한다. 시어머니를 대함에 있어 나의 며느리 역할에 빈틈이 없는지를 돌아보자. 시어머니를 바꾸려 들 필요가 없다.

진상 고객을 웃으며 나가게 하느냐 못하느냐가 프로와 아마추어의 차이다. 서비스 현장에서 20년 동안 있으면서 나는 아무리 심한 진상 고객이라도 끝까지 내 역할을 열심히 해내면 98퍼센트의 고객은 결국 미안해한다는 사실을 깨달았다. 물론 '미안하다'고 사과하지 않는 고객도 있지만 표정만 봐도 안다. 상사가, 시어머니가, 혹은 권력을 쥔 누군가가 철없는 어린아이처럼 당신을 괴롭힐 때 그 억울함은 이루 말할 수 없으리라. 그러나 우선 내 역할에 부족함이 없는지를 따져보자. 그게 나를 위하는 길이다. 지는 게 이기는 거라는 말도 있지 않은가.

당당한 '분'이 되기 위한 일곱 가지 법칙

지금까지는 갈등 관계에 놓인 상대를 대하는 기본적인 마인드에 관해 이야기했다. 이제부터는 직장생활에 좀 더 초점을 맞추어 구체적인 솔루션을 제시해볼까 한다. 이 부분은 권력과 탈권력의 범주에 들어가기보다는 직장생활을 수월하게 풀어가는 일반론에 가까운 내용이다. 다만 이러한 일반적인 개념에 가까이 다가선 사람일수록 권력에 취해 부하직원을 함부로 대하는 상사나, 권력에 사로잡힌 부하직원, 이도 저도 아닌데 권력의 언저리에서 서성대는 무의미한 회사원이 되지 않을 확률이 높아진다. 때로는 평범한 상식이 우리를 '센 분'으로 만들어준다는 사실을 인식하자.

첫째, 소개는 관계의 첫 단추다. 우리는 항상 누군가에게 나를 소개해야 한다. 고객, 바이어, 거래처, 새 직장의 동료들……. 새로운 사람을 만나는 것은 누구에게나 조금 쑥스러운 일이고, 소개의 순간에는 긴장하게 마련이다. 중요한 사람일수록 우리는 좋은 인상을 주어야 한다는 강박에 사로잡힌다. 어떻게 자신을 소개해야 할까 고민하고, 다른 사람이 내 소개를 잘해주길 바라지만 만족스러운 소개를 하기 전에 위축되기도 하고, 상황이 내게 유리하지 않게 돌아가기도 한다.

언젠가 대학생들에게 가장 쓰기 어려운 글이 무엇이냐고 물었다. 놀랍게도 학생들은 '자기소개서'라고 대답했다. 누군가에게 자신이 어떤 사람인지를 소개해야 하는데, 한정된 지면에 자신을 설명하는 것이 여간 어렵지 않더라는 것이다. 또 상대를 잘 모르는 상태에서 쓰는 자기소개서는 어디에 초점을 맞춰야 할지 몰라 더 어렵다고 했다. 특히 입사를 위해 자기소개서를 쓰는 경우, 남들보다 좀 더 특별하게 보이게 하려면 어떻게 해야 할지 고민이 된다고 했다. 이처럼 소개는 일상적으로 일어나는 자연스러운 행위임에도 불구하고, 실은 많은 사람들을 곤혹스럽게 한다.

자기소개가 어렵다고 느끼는 것은 그만큼 중요하기 때문이다. 이것은 정식으로 자기소개서를 작성할 때에만 국한되지 않는다. 처음 만난 상대에게 나를 소개하는 순간이 나의 첫인상을 규정한다고 해도 지나치지 않다. 혹자는 소개는 그저 간단한 신상을 밝히는 것일 뿐, 정말 중요한 것은 그다음에 구체적으로 맺어가는 관계라고 할지도 모르겠다. 하지만 그 간단한 신상을 밝히는 행위가 이후의 관계에까지 영향을 미친다면? 자기소개를 잘하는 것만으로도 관계 맺기가 훨씬 수월하다면? 물론 이후의 관계 맺음도 중요하지만, 자기소개를 어떻게 하느냐에 따라 그 관계가 달라지기도 한다.

앞장에서 외모와 관련한 이야기에서 강조했듯이 첫 단추를 잘 꿰어야 한다. 소개는 관계 맺음의 첫 단추다. 좋은 분위기에서 만족스럽게 자기소개를 한 사람은 더 좋은 관계로 발전할 가능성이 높다. 그렇다면 우리는 일을 하면서 마주치는 사람들에게 어떻게 자기소개를 해야 할까?

중요한 것은 자신이 보여주고 싶은 모습을 보여주는 것이다. 다른 사람들에게 어필할 수 있는 나의 장점이 무엇인가를 찾는 것이 첫 번째 단계다. 친절하고 부드러운 성격이 장점이라면 소개도 그만큼 부드럽게 하는 것이 좋고, 추진력 있고 당당한 성격이 장점이라면, 소개도 도전적으로 하는 것이 좋다.

나의 장점을 알고 소개할 수 있다고 해도, 상황에 따라 변화를 주어야 한다. 만약 많은 사람이 모인 자리에서 돌아가면서 자기소개를 할 때, 혼자만 자기소개를 길게 한다면 좋은 인상을 주기 어렵다. 어떤 기획을 맡게 된 리더라면 새로운 팀원들에게 자기소개를 할 때 너무 겸손한 태도로 일관하는 것은 좋지 않다. 이런 리더라면 따라도 되겠다는 생각이 들게끔 자신감과 추진력을 보여주어야 한다.

또한 내 소개만 중요하게 생각할 것이 아니라, 상대의 소개도 주의 깊게 들어야 한다. 상대가 소개하기 편한 환경을 만들어주고, 소개가 끝나면 듣기 좋은 말을 덧붙이면 분위기가 훨씬 편할 것이다. 너무 노골적이지만 않으면 외모에 대한 칭찬도 좋고, 그 사람이 몸담고 있는 집단에 대한 칭찬도 좋다. 그 사람의 전체적인 분위기에 대해 이야기하는 것도 좋다. 또 상대의 자기소개 내용을 잘 기억했다가, 나중에 그 이야기를 꺼내면 더욱 친밀함을 줄 수 있다.

둘째, 밝은 인사로 하루를 시작한다! 어느 날 아파트 엘리베이터 안에서 한 아이가 내게 꾸벅 인사를 했다. 천진하게 웃으며 '안녕하세요!' 하자 나는 그 아이가 나를 다른 사람으로 착각한 것이라고 생각했다. 그런데 다음에 마주쳤을 때에도 그 아이는 예의 그 환한 웃음을 지으며 '안녕하세요!'라며 인사를 했다. 그래서 어쩌면 그렇게 인사를 잘하냐고 칭찬했더니, 어른들께는 인사를 잘해야 한다는 대답이 돌아왔다.

나도 어린 시절 어른을 보면 인사를 잘하는 아이였다. 그러면 어른들은 "인사성이 참 밝은 아이구나!" 하고 칭찬해주시곤 했다. 삼삼오오 모여서 이야기를 나누고 계시던 동네 할머니들에게 인사를 드리면 그분들은 곧 환하게 웃으며 인사를 받아주시곤 했다. 이렇게 밝은 인사는 나뿐만 아니라 상대까지 기분 좋게 해준다는 것을 알았다.

우리는 어린 시절 어른을 만나면 인사를 잘해야 한다고 배웠다. 그것이 어른에 대한 예의이고 어른을 존중하는 방식이다. 인사를 통해 아이는 어른에 대한 공경을 표시하고, 어른 또한 공손한 인사를 받으면 기분이 좋아진다.

어릴 때는 알고 있었던 인사의 마법을 나이 먹으면서 잊어버리는 경우가 많다. 인사를 하지 않으면 예의에 어긋나는 것이기 때문에 습관적으로 인사를 하고, 때로는 인사를 나누는 것이 귀찮을 때도 있다. 그래서 매일 보는 얼굴은 인사를 생략하기도 하고, 누가 먼저 인사를 할 때만 받아주는 정도로 지나가기도 한다.

하지만 기억해야 할 것은 인사는 그날 처음으로 마주치는 나의 표정이라는 것이다. 때문에 직장에서의 인사는 내가 어떤 감정 상태로 업무에 임하는지를 보여주는 중요한 척도가 된다. 당신이라면 매일 아침 밝은 얼굴로 인사를 건네는 사람과 함께 일을 하고 싶겠는가, 아니면 마주쳐도 시큰둥한 표정을 짓는 사람과 함께 일을 하고 싶겠는가?

인사는 상대에게 격려의 메시지가 되기도 한다. 별로 기분 좋은 아침이 아니어도 '좋은 아침!' 하고 인사를 건네는 것은, 지금은 기분이 별로지만 함께 좋은 아침을 만들어보자는 표현이다. 이렇게 웃으며 밝은 인사를 건네면 나의 기분만 좋은 게 아니라 타인의 기분까지 좋게 해준다.

감정이라는 것은 쉽게 전이되는 성질이 있기 때문이다.

그래서 인사는 빼놓지 않고 하는 것이 좋다. 무표정한 얼굴로 아는 사람이니까 형식적으로 꾸벅 하고 지나가는 것이 아니라, 진심을 담아서 기분 좋게 인사를 하는 것이 중요하다. 눈이 마주칠 때 미소 짓는 얼굴로 가볍게 목례를 하는 것만으로도 상대는 당신의 좋은 기분을 느끼고 힘을 얻을 것이다. 다른 사람이 먼저 인사하기를 기다리지 말고, 내가 먼저 인사를 하는 그런 기분 좋은 사람이 되도록 하자.

셋째, 호칭은 깍듯이, 태도는 친절히 하라. 직장에서 예민한 문제 중의 하나가 호칭 문제다. 호칭을 적절히 사용하지 못하면 업무 관계가 흐려질 수도 있고, 때로는 감정이 상하는 일도 발생하게 된다.

일단 회사 안에서 부르는 호칭은 직급을 따르는 것이 좋다. 특히 상사를 부를 경우에는 직급 뒤에 '님'을 붙여야 한다. 자신보다 직급이 낮은 사람에게는 보통 '님'을 붙이지 않지만, 내가 더 높은 지위에 있더라도 상대방을 존중한다는 의미를 전달하고 싶으면 '님'을 붙이는 것이 좋다. 당연한 상식이다.

반드시 피해야 할 것은 직장 안에서 '언니' 또는 '오빠'라고 부르는 것이다. 원래 알던 사이이거나 사적인 자리에서 언니 오빠라고 부르며 지낸다고 하더라도 회사에서는 금물이다. 특히 다른 사람들과 함께 있을 경우에는 이런 호칭 자체가 업무 관계가 아닌 개인적 관계처럼 보이게 하기 때문에 반드시 피해야 한다.

물론 직장 외의 공간에서까지 직급 호칭을 고수할 필요는 없으며, 직급으로 부르던 사이라고 해도 개인적 친밀도에 따라 언니 또는 오빠라는 호칭을 사용할 수 있다. 특히 여자들끼리는 '언니'라는 호칭을 사용하면 더 빨리 친해질 수 있고, 딱딱한 관계를 부드럽게 해주는 계기가 되기도 한다.

하지만 '오빠'라는 호칭은 '언니'라는 호칭보다 더 주의해서 사용해야 한다. '언니'는 가족관계를 연상시키지만, '오빠'라는 호칭은 가족관계보다 애정 관계를 먼저 연상시키기 때문이다. 만약 회식자리에서 누군가에게 언니라고 부른다면, 둘 사이가 그만큼 가깝다는 뜻이겠지만, '오빠'라고 부르는 순간 다른 사람들은 당신을 회사 동료가 아닌 여자의 위치에 갖다놓을 것이다.

이는 상대도 마찬가지다. 당신이 '오빠'라는 호칭을 사용하는 순간, 그 남자는 당신을 이성의 범주에 넣을 것이다. 반대로 누군가 당신에게 "편하게 오빠라고 불러"라고 말한다면, 당신은 먼저 그 저의를 의심해야 한다. 경험적으로 우리는 남자들이 어느 순간에 오빠라는 호칭을 듣고 싶어하는지 잘 알고 있다. 이런 제안은 정중히 거절하도록 하자. '형'이라는 호칭도 여자들끼리의 '언니'와 같아 남자들끼리의 관계를 끈끈하게 할 수 있겠지만, '누나'의 느낌은 다르다.

넷째, 감정을 조절할 줄 알아야 한다. 내가 만난 어떤 지인은 업무상 불쾌한 일을 겪어도 극복이나 포기가 빠르고 깔끔하다. 자기 페이스가 흐트러지지 않기 때문에 나쁜 일이 있더라도 금방 회복하는 그런 사람이었다. 많은 여성들이 자신의 감정을 제어하지 못해 어려움을 겪는 것에 비해 그녀는 아주 훌륭하게 대처할 줄 알았다.
비결을 물었다. 의외로 그녀는 어릴 때부터 쉽게 감정이입을 하는 편이라 잘 울고 잘 웃는 성격이었다고 한다. 이 때문에 종종 "이렇게 성격이 물러서 뭘 할 수 있겠어?"라는 소리를 많이 들었다고 한다. 조금이라도 슬프거나 억울한 일이 있으면 눈물부터 났다는 것이다. 그러다 보니 싸움에서 이길 수가 없었다고 한다. 어린아이들의 싸움이라는 것이 울면 지는 법인데, 화가 나고 싸우고 싶어도 먼저 눈물부터 나버리는 것이다. 그래서 그녀는 이를 악물고 눈물을 참는 연습을 했다고 한다. 그렇게 순간적인 감정을 누르는 법을 터득한 그녀는 지금도 슬픈 영화를 보면 잘 울고 친구의 이야기에도 감정이입이 빠르지만, 어떤 순간에는 그런 감정에 빠지지 않도록 조절할 수 있게 되었다고 한다.

누군가는 직장에서 눈물을 뚝뚝 흘리면서, 자신은 원래 감정이 풍부하고 마음이 여려 눈물이 많다며 스스로를 합리화할지도 모른다. 눈물을 참는다는 것은 감정이 메말랐다는 뜻도 아니고 냉정한 인간이라는 뜻도 아니다. 독한 것은 더더욱 아니다. 그것은 자신의 감정을 제어할 줄 아는 능력이다. 만약 당신이 사랑이 많은 사람이라고 하자. 그렇다고 애인이 있는데도 마음 내키는 대로 다른 사람들에게 애정 표현을 한다면, 당신은 사랑을 할 줄 아는 능력을 제대로 쓰지 못하는 것이다. 감정이란 그런 것이다. 때와 장소를 가리지 못하고 자신의 감정에 쉽게 취하는 것은 감정이 메마른 것보다 더 독이 될 수도 있다.

그러므로 우리는 감정을 조절할 줄 알아야 한다. 쉽게 분노하는 다혈질이라면 화를 참는 연습을 하고, 너무 쉽게 눈물을 흘리는 성격이라면 눈물을 참는 연습을 하자. 감정이 차오를 때마다 다른 생각을 하거나 잠시 심호흡을 하는 것만으로도 어느 정도 감정을 조절할 수 있다. 감정 제어가 잘 안 된다고 하더라도 일단 겉으로 드러내지는 말도록 하자. 사람의 감정이란 참 신기한 것이어서, 그것을 표현하는 순간 더 강력해진다. 애써 눈물을 참다가 갑자기 둑이 터진 것처럼 울음이 터지기도 하고, 화가 난 자신의 목소리를 듣다 보면 감정이 더 고조되기도 한다. 때문에 감정이 차오르더라도 일단 기분을 삭이도록 노력하는 것이 좋다.

그렇다고 모든 감정을 제어해야 하는 것은 아니다. 솔직한 감정이 좋은 관계를 만들기도 한다. 하지만 그것도 어디까지나 상대가 나의 솔직한 감정을 받아들일 때의 이야기다. 그렇지 않으면 솔직한 감정 표현은 상대에게 부담을 주기도 한다. 이렇게 자신의 감정을 제어하고 조절하고 표출하는 모든 행위를 감성적인 감정 관리라고 부를 수 있을 것이다. 감정은 자기 고유의 것이지만, 상대와의 관계 안에서 감정을 조율할 수 있다면, 당신의 '감정'은 감성적인 관리를 통해 장점이 될 것이다. 감정을 적절히 조절하는 능력이야말로 당신이 '쎈 분'이 될 수 있는 기반이 된다는 것을 기억하자.

다섯째, 다른 사람들에게 좋은 기분을 전염시키자. 무표정도 감정을 표현하는 하나의 방법이다. 그런 의미에서 무표정도 표정이라고 할 수 있다. 무표정 안에 감정이 담겨 있다기보다는 타인이 당신의 무표정에서도 감정을 읽기 때문에 그렇다. 이처럼 우리의 행위는 나의 의도와 상관없이 타인에게 다른 무언가로 읽힐 수 있으며, 결과적으로 타인에게 영향력을 행사한다.

회사 생활을 할 때에도 마찬가지다. 매일 반복되는 일상에서 내가 해야 할 일은 정해져 있다. 나는 그 일만 하면 된다. 잘 보여야 할 사람이 있는 것도 아니고 지금 내게 주어진 일만 하면 된다. 정해진 시간에 출근을 해서 주어진 시간을 채우고 퇴근을 하면 매달 통장에 월급이 들어온다. 그래서 마지못해 다닌다는 얼굴로 출근을 하고 있지는 않은가? 언제 퇴근 시간이 되나 하고 시계만 보고 있지는 않은가? 그런 행동이 다른 사람들에게 미치는 영향은 생각하지도 않은 채 내 할 일을 했으니 그만이라고 생각하고 있지는 않은가?

그럼 이번에는 반대로 생각해보자. 옆자리에 앉은 사람이 요즘 계속 일하기 싫다는 티를 팍팍 내고 있다. 그 사람이 더 좋은 직장으로 스카우트되었다는 것을 알고 있는 당신은 곧 그만둘 사람이 그러는 게 이해가 되는 한편, 착잡한 기분이 든다. 저 사람은 더 좋은 직장으로 옮긴다는데 이 회사에 계속 붙어 있는 자신이 한심해 보인다. 내가 뭘 물어도 심드렁하게 대꾸하는 그 사람이 나를 무시한다는 생각도 든다. 게다가 누구는 저렇게 일을 게을리 하면서도 월급을 받는다는 사실을 생각하면, 일할 의욕이 확 떨어진다. 새 직장이 정해졌으면 빨리 떠날 것이지 왜 저러고 있나 싶은 생각마저 든다.

이처럼 내가 타인과 직접적인 관계를 맺고 있지 않아도, 나의 행동은 타인에게 영향을 준다. 도서관에서 공부하는 많은 사람들이 집에 책상이 없어서 일부러 도서관을 찾아왔겠는가? 아니다. 공부는 혼자 하는 것이지만, 다른 사람들이 열심히 하는 모습을 보면 나도 바짝 긴장하게 되고 더 열심히 해야겠다는 생각이 들기 때문이다. 왜 어떤 사람들은 집에서 편하게 축구 경기를 봐도 되는데 일부러 길거리나 호프집에 모여 응원하면서 보는가? 다른 사람들과 함께 그 긴장되는 순간을 느끼고 승리의 기쁨을 나눌 때 그 감정이 배가되기 때문이다.

이처럼 단순하고 당연한 사실이 일상에서는 간과되기 쉽다. 회사 생활에 익숙해지고 업무에 타성이 생기면 더욱 그렇다. 어느 정도 자리도 잡았고 적당히 해도 잘리지 않는다는 생각 때문에 점점 타인에게 무심하게 된다. 하지만 내가 그만큼만 하면 타인도 나를 꼭 그만큼밖에 봐주지 않는다는 것을 기억하자. 당신의 자리에 당신이 아닌 그 누가 있더라도 상관없는 존재가 되고 싶은가, 아니면 당신만 한 사람은 없다는 소리를 들을 만큼 그 일에 적합한 사람이 되고 싶은가? 만약 후자를 원한다면, 타인이 당신에게 받는 느낌에 좀 더 민감하게 반응하고 당신의 이미지를 만들어야 할 것이다.

사실 직장생활을 하면서 좋은 영향을 줄 수 있는 이미지나 태도는 그리 복잡하고 난해한 것이 아니다. 당신의 모든 행동이 지적이고 섹시하며 카리스마 넘치고 친절하며 재치 넘치도록 신경 쓸 필요가 없다. 그렇게 많은 신경을 쓰는 것은 배보다 배꼽이 큰 격이다. 그저 당신의 태도와 행동이 다른 사람에게 영향을 준다는 것을 인식하고, 타인에게 좋은 기분을 전염시키는 사람이 되려고 노력하는 것으로 충분하다. 다른 사람과 직접 마주 보고 있지 않다는 이유로 인상 쓰고 한숨 쉬며 일을 하고 있었던 것은 아닌지 자신을 돌아보자. 그 시간을 긍정적인 자세로 채우는 것만으로도 당신은 이미 강자다.

여섯째, 공과 사를 구별하라! 직장은 우리에게 공적인 영역이다. 가족, 친구, 애인 등의 관계는 사적인 영역이다. 그런데 일을 하다 보면 이런 구분이 명확하지 않을 때가 있다. 공적인 상황인지 사적인 상황인지 명확하지 않은 경우도 있고, 상대와의 관계가 공적인 관계와 사적인 관계의 교집합에 속해 있기도 하다. 친한 친구와 직장 선후배로 만나기도 하고, 일로 만났지만 둘도 없는 친구가 되기도 한다. 회식을 하다가 회사 동료와 사적인 이야기를 주고받기도 하고, 그 사적인 이야기들이 다시 회사 생활에 영향을 주기도 한다. 만약 사내연애라도 하게 된다면? 공적인 영역과 사적인 영역의 구분, 공적인 관계와 사적인 관계의 구분은 더욱 모호해진다.

그런데 회사 생활은 기본적으로 공적인 영역에 속하는 만큼, 우리는 그 구분이 모호하면 모호할수록 공적인 것과 사적인 것을 구분할 수 있어야 한다. 사적인 감정으로 업무에 임하면 일의 중요한 요소인 합리성과 효율성을 놓칠 수 있기 때문이다. '정' 때문에 일을 그르친 경우가 생각보다 많다. '나와 친한 사람이니까' 잘못을 눈감아주거나, '마음에 들지 않으니까' 그 사람의 의견을 무시하면 결국 일의 효율성이 떨어질 수밖에 없다. 당연히 나를 위해서나 회사를 위해서나 좋지 않다. 내가 사적인 감정에 휘둘려 잘못된 판단을 내릴 때마다 불신이 쌓여간다는 것을 기억해야 한다.

그렇다고 공적인 영역을 칼같이 구분해서 사적인 영역은 철저히 배제하라는 것은 아니다. 만약 모든 감정이 배제된 채 논리와 효율만 중시한다면 오히려 업무 성과가 떨어질 수 있다. 직장생활을 하다 보면 공적인 영역을 사적인 영역으로까지 확장시키려는 시도를 종종 볼 수 있다. 단합대회, 회식, 운동회 등 팀워크 향상을 목적으로 하는 모든 시도들은 이런 기회를 통해서 함께 일하는 사람들의 성향을 좀 더 잘 알기 위함이다. 공적인 업무만으로는 알 수 없는 상대에 대한 정보를 좀 더 많이 얻고 이해하고 결속력을 다지기 위함이지, 결코 경계 허물기를 목적으로 하는 것이 아니다.

따라서 이런 자리는 사적인 영역처럼 보이지만 공적인 영역의 연장이라고 봐야 한다. 술자리에서 상사가 부하직원에게 허심탄회하게 이야기해보라고 한다고 해서 회사에 대한 불만을 마구 쏟아낸다면 어떻게 될까. 사적인 영역에서 한 이야기이기 때문에 공적인 회사 생활에 전혀 영향을 주지 않을까? 당신이 업무 능력은 뛰어나지만 술자리에서는 번번이 실수를 저지른다면 업무 외에 발생한 일이므로 인사고과에 전혀 영향이 없을까? 아니다. 아무리 사적인 영역으로 보여도 실은 공적인 영역의 연장이므로 인사고과에 반영되는 것을 피할 수 없다.

이처럼 공적인 영역에서 사적인 감정을 배제하는 것도 중요하지만, 어떤 사적인 영역은 겉으로 사적인 영역처럼 보여도 사실은 공적인 영역의 연장이라는 것을 잊지 말아야 한다. 사적인 관계를 공적인 영역에까지 끌어들이는 것도 좋지 않지만, 사적인 자리라고 해서 공적인 영역으로부터 완전히 해방된 것처럼 행동해도 좋지 않다. 공적인 영역과 사적인 영역이 무 자르듯 나누어지는 것은 아니기 때문에 상황에 맞게 유연하게 대처할 필요가 있다. 만약 어제 술자리에서 꽤 친해졌다고 생각했는데 다음 날 회사에서 마주쳐도 아무 일 없었다는 듯 사무적으로 대한다면, 약간의 배신감마저 느껴질 것이다. 또 사적인 자리에서도 공적인 영역의 연장이라는 생각에 전혀 속내를 드러내지 않고 사무적으로 대한다면 당신은 '속을 알 수 없는 음흉한 사람'이라는 평가를 받을 것이다.

분위기를 파악해서 상황에 맞는 대처를 하되, 원칙을 잊지 말아야 한다. 무엇보다도 사적인 감정이 공적인 영역을 좌지우지해서는 안 된다. 누군가와 사적인 관계가 좋지 않다고 해서 함께 일하는 것을 거부한다거나, 누구와 친하다는 이유로 무조건 그 사람 편을 든다면 다른 사람들은 당신을 '약한 놈'이라고 판단하게 될 것이다.

일곱째, 칭찬은 반드시 내게 돌아온다. 감정을 드러내지 않는 것이 중요한 만큼, 감정을 드러내는 것도 중요하다. 문제는 어떤 감정을 어떻게 드러낼 것인가이다. 분노, 서글픔, 기쁨, 무기력 등의 감정은 논리나 이성과 거리가 멀고, 감정 그 자체를 지칭하는 경우가 많다.

칭찬과 꾸지람은 조금 다르다. 칭찬이나 꾸지람은 '잘했다' 혹은 '못했다'라는 판단에서 출발하기 때문에 논리의 영역으로 보일 수도 있다. 하지만 단순히 잘하거나 못한 것만을 객관적으로 나타내는 것을 우리는 '평가'라고 하지, 칭찬이나 꾸지람이라고 말하지 않는다. 또한 잘했다는 평가가 꼭 칭찬으로 이어지지는 않으며, 못했다는 평가 또한 반드시 꾸지람으로 이어지는 것도 아니다. 잘못했다는 생각이 들어도 격려하는 차원에서 칭찬을 하기도 하고, 잘했다는 생각이 들어도 더 잘하라는 의미에서 꾸짖기도 한다. 이처럼 칭찬이나 꾸지람도 상황에 따라 다르게 작용하며 감정이 개입될 여지가 많다.

우리는 종종 직장에서 상사에게 혼이 나거나 후배를 혼낸다. 혼을 내는 행위가 적당히 잘못을 지적하는 수준에서 그치는 때가 있는가 하면, 화를 내고 분노하는 경우도 있다. 물론 누군가가 잘못을 했고 그 때문에 일이 어그러졌거나 원하는 성과를 얻지 못했다면 화가 나는 것이 당연하다. 문제는 이렇게 화를 내다 보면 감정을 추스르기 어려워진다는 것이다. 그래서 종종 모욕적인 말을 내뱉기도 한다. "발로 했어?" "이럴 거면 때려치워!" "이런 것도 직원이라고 데리고 있어야 한다니." 드라마에서는 화를 참지 못해 서류를 집어던지고 물리적인 폭력을 행사하기까지 한다. 만약 당신이 회사에서 이런 취급을 받는다면 어떨까? 충고를 감사히 받아들이고 다음에는 잘하겠다는 의지를 다지게 될까, 아니면 내가 이런 취급을 받아야 하나 하고 자괴감이 들까. 혼이 난 것을 계기로 열심히 일하게 된다고 해도, 모욕을 잊지 못하고 설욕을 꿈꾸게 되지는 않을까?

물론 이런 충격요법이 통할 때도 있다. 하지만 그 기억이 충고가 아니라 모욕으로 남는다면 그 결과는 열정이 아닌 독기로 드러나게 된다. 적당한 꾸지람과 충고는 타인을 더 열심히 하도록 다그친다. 문제는, 인간이 감정의 동물인 이상 감정의 수위를 조절하기가 어렵다는 것이다.

그러므로 나는 꾸지람보다 칭찬하는 방법을 택하라고 권하고 싶다. 칭찬할 것이 전혀 없는 사람은 없다. 누군가의 업무 성과가 마음에 들지 않고 고칠 부분이 많다고 해도, 일단 잘한 부분을 칭찬하면 그 사람은 그 장점을 유지하려 할 것이다. 먼저 칭찬을 한 다음 잘못을 지적하는 방법도 있다. 어떤 부분을 고치고 보완했으면 좋겠다고 지적하는 것만으로도 문제를 쉽게 해결할 수 있다. 물론 그 후에도 똑같은 실수를 한다면 좀 더 강력한 방법을 생각해보아야 하겠지만 말이다. 하지만 몇 번이나 충고를 했는데도 같은 문제가 발생한다면, 그것은 칭찬과 꾸지람의 영역이 아니라 그 사람의 태도나 능력의 문제일 수 있다. 칭찬과 충고로도 해결할 수 없는 일은 웬만한 꾸지람으로는 해결되지 않는다.

칭찬은 사람을 기분 좋게 한다. 앞서 우리는 타인을 기분 좋게 하는 것이 얼마나 강력한 힘을 발휘하는지 살펴보았다. 타인의 감정을 상하게 하지 않으면서도 타인을 변화시키는 힘. 그것이 바로 소프트 스킬이고, 타인을 배려하는 능력이다. 칭찬은 반드시 내게 돌아온다. 그렇게 믿고 부드러운 리더십을 발휘할 줄 아는 '쎈 분'이 되자.

Point

- 권력 관계는 어디에나 존재한다. 나의 위치를 깨닫고 권력을 어떻게 이해할지 생각을 정리하라.
- 시어머니와 며느리 사이에서도 권력 관계가 존재한다. 가족이라는 이름으로 아름답게 포장하거나 묻어버리지 말자.
- 까다로운 상사, 엄한 시어머니를 대할 때는 고객이라고 생각하라. 고객은 변하지 않는다.
- 직장생활의 원칙 대부분은 상식이다. 상식의 존중이 나를 '쎈 분'으로 만들어준다.

파트 2

당신은 '악한 분'인가요, '악한 놈'인가요?

1 과한 사랑을 주는 그대

사랑하는 '놈'이 아닌, 사랑하는 '분'이 되어라

사랑하는 연인 사이에도 강자와 약자가 존재한다. 누군가는 더 빨리 사랑에 불타올랐다가 금세 식어버리고, 누군가는 뒤늦게 불이 붙어 갈수록 뜨거워지기도 하기 때문이다. 사랑하는 정도 역시 똑같을 수 없다. 정확히 잴 수는 없겠지만 자세히 보면 항상 누군가는 더 많이 사랑하고, 누군가는 덜 사랑한다.

연인 관계에서 강자는 덜 사랑하는 쪽이다. 더 사랑하는 사람이 더 양보하고 배려하고 희생하게 마련이다. 하지만 덜 사랑하는 쪽이 승자는 아니다. 예수님도 부처님도 더 사랑하는 쪽이었지만 어느 누구도 그들을 패자라고 생각하지 않는다. 당연히 승자다. 연인 간의 사랑도 마찬가지가 아닐까. 더 많이 사랑하는 사람이 아낌없이 사랑을 주고 후회와 미련 따위도 남지 않기 때문이다. (사랑의 감정 앞에서) 당신은 승자인가, 패자인가?

중요한 건 사랑에 있어서도 '놈'보다는 '분'이 되어야 한다는 점이다. 우리는 언제나 사랑의 확고불발確固不拔을 기대하지만 실제로 그런 기대는 부메랑으로 돌아와 상처를 준다. 그렇다. 사랑은 변하는 것이다. '놈'들은 주로 사랑이 변해버린 이유를 상대에게서 찾는다. 상대의 감정이 식어서, 바빠서, 나에게 소홀해져서, 예전 같은 매력이 사라져서…… 등등. 이런 것들은 모두 '놈' 짓이다. 사랑은 함께하는 것이다. '분'이 되려면, 변해가는 사랑 앞에서 적어도 한두 번 정도는 스스로를 돌아볼 줄 알아야 한다. 그리고 감정이 흘러가는 대로 내버려두기보다, 사랑을 붙잡고 싶다면 그만큼 사랑에 대해 연구하고 노력해야 한다.

사랑에 있어서 '놈'이 '분'으로 바뀌어가는 과정을 극적으로 그려낸 영화가 있다. 〈내 아내의 모든 것〉은 오래 만난 커플, 결혼생활의 현실에 지친 부부들이 볼 만한 영화다.

건축가로 지진 설계를 하는 두현과 요리 공부를 하러 유학을 떠난 정인은 일본에서 지진이 났을 때 처음 만난다. 여느 연인처럼 행복한 연애 기간을 거친 후 결혼에 골인했지만, 임신이 뜻대로 되지 않으면서 두 사람의 관계는 소원해진다. 두현은 정인이 하는 말은 모두 듣기 싫고 자신을 귀찮게 하는 것이 지긋지긋하다. 하지만 그녀의 독설이 무서워 이혼하자고 말할 용기가 없다. 스트레스에 시달리던 두현은 결국 폭발하고 카사노바 성기에게 자신의 아내를 유혹해달라고 부탁하면서 '내 아내의 모든 것'이라는 리스트를 써서 전달한다.
정인에 대한 정보를 입수한 성기는 그녀를 유혹하기 위해 바깥에 나가 일할 기회를 만들어주라고 남편에게 권하고, 정인은 새로운 일을 시작한다. 남편 외에는 대화할 사람이 없던 정인은 새로운 일과 자기 얘기를 들어주는 성기를 통해 다시 세상과 소통하기 시작한다. 그녀는 갈수록 생기발랄해지고 사회적으로도 승승장구한다. 남편만 졸졸 따라다니며 귀찮게 하던 아내는 도리어 불평불만에 빠진 남편을 귀찮아하고 창피해한다. 이제 두현은 아내를 유혹하라고 고용한 성기와 아내가 진짜 사랑에 빠지게 될까 봐 전전긍긍하며, 다시 아내를 찾기 위해 사투를 벌인다.

– 영화 〈내 아내의 모든 것〉 줄거리

영화 속 두현의 모습은 우스꽝스럽기도 하다. 손에 쥐고 있을 때는 그렇게 버리고 싶어하더니, 막상 떠나려 하자 다시 쥐고 싶어한다. 아이러니하게도 두현이 아내와 다시 사랑하고 싶다는 마음이 들기 시작한 것은 '내 아내의 모든 것' 리스트를 작성하면서부터다. 아내를 어떻게든 떨쳐내기 위해 아내에 대해 연구하고 공부하면서, 자신의 아내가 사랑하지 않고는 견딜 수 없는 매력 덩어리임을 깨달은 것이다.

이 장에서 사랑에 관한 이야기를 하는 것은, 단순히 연인 관계 회복을 위한 것만이 아니다. 애정은 꼭 연인이나 부부 사이에서만 생기는 것이 아니라 사람과 사람이 만날 때 자연스럽게 품게 되는 감정이다. 연애를 잘하는 사람이 영업사원으로 성공할 확률도 높다고 한다. 당신이 사랑을 슬기롭게 풀어나갈 수 있다면, 사회생활에서도 좋은 성과를 거둘 수 있을 것이다.

에리히 프롬은 『사랑의 기술』에서 인간은 근본적으로 고독한 존재이며, 그 고독과 공허함을 잊기 위해 사랑한다고 했다. 우리는 흔히 상대의 매력에 빠져들어 사랑한다. 하지만 거꾸로 생각해보면 사랑이 시작된 이유는 나의 고독 혹은 나의 결핍 때문이다. 이는 상대도 마찬가지일 것이다. '아픔까지 사랑할 거야'라는 노래가사처럼, 상대의 고독까지 바라볼 수 있을 때 사랑은 이루어지는 게 아닐까.

그런데 이게 쉽지 않은 모양이다. 우리나라 이혼율이 OECD 국가 중

3위 안에 들 정도라고 한다. 한국 가정법률상담소의 자료에 따르면, 2000년대의 이혼율이 1950년대에 비해 13.6배나 증가했다. 시간이 지날수록 연인이나 부부는 불평불만이 많아지는데 가령 이런 것들이다. "처음에는 이런 식으로 말하지 않았다", "시간이 지나면서 달라졌다", "자기 얘기만 한다", "대화하기가 무섭다" 등등.

안타까운 건 그렇게 불만이 쌓여도, 갈등을 해결하려는 노력을 하지 않는다는 점이다. 노력을 하더라도 자기식대로 몇 번 시도해보고, 변화가 없으면 곧 포기해버린다. 상대가 정말 원하는 게 무엇인지, 상대의 삶이 어떠한지에 대해 고민하지 않는 것이다.

두 사람은 연인 사이다. 어느 화창한 봄날 그들은 함께 자동차를 타고 교외를 달리고 있었다. 오른쪽으로 강물이 흐르고 하늘은 푸르러 구름 한 점 없었다. 그녀는 마치 종달새 같았다. 그는 그녀가 어떻게 그렇게 경쾌하고 귀여운지 알 수 없었다. 그들은 꿈같은 길을 달려가고 있었다.
사랑스러운 그녀가 말했다.
"자기, 커피 마시고 싶지 않아?"
"아니."
남자는 여전히 그 파란 가을 하늘을 만끽하며 푸른 강줄기를 따라 아름다운 여인과 드라이브를 즐겼다. 그러다 문득 이상한 느낌을 받았다. 여자가 조용해진 것이다. 조금 전까지 쉴 새 없이 떠들고 깔깔거리던 여자가 침묵을 지키고 있었다. 왜 저러지? 언제부터 저랬지? 남자는 뭔가 잘못된 것을 느끼고 여자에게 물었다.
"왜 그래?"
"아무것도 아니야."
그러나 여자는 틀림없이 토라져 있었다. 남자는 왜 그러는지 또 한 번

묻자 여자가 말했다.

"아까 커피 마시고 싶다고 했는데, 자기가 들은 척도 안 했잖아."

남자는 당황하기 시작했다.

"커피? 웬 커피? 언제 커피 먹고 싶다고 했어? 아, 그건 나에게 커피 마시고 싶지 않느냐고 물어본 것 아니었나? 그래서 마시고 싶지 않다고 그랬잖아."

여자는 남자를 쳐다보았다. 아주 복잡한 표정이었다.

그 표정은 이렇게 말하는 것 같았다. '이 사람 참 둔한 사람이야. 그 정도 말하면 알아들어야지. 이 사람과 결혼하는 것이 옳은 일일까. 정말 속 터진다니까.' 속 터지는 건 남자도 마찬가지였다.

커피가 마시고 싶으면 마시고 싶다고 말해야지.

'커피 마시고 싶지 않아?'라고 말하면

어떻게 그 속을 안다는 것인가.

– 앨런 피즈, 『말을 듣지 않는 남자 지도를 읽지 못하는 여자』 중

이 대목만 읽으면 여자의 말을 이해 못하는 남자나 정확하게 말하지 않는 여자를 답답해할 수 있다. 대화는 일상적으로 이루어지는 당연하고도 자연스러운 행위지만 이들 연인처럼 대화가 제대로 이루어지지 않아 오해를 낳는 일이 수두룩하다. 많은 사람들은 상대가 꽉 막혀 대화가 통하지 않는다고 생각하지 자신이 어떤 대화법을 구사하는지 모른다. 상대가 나와 다르다는 것도 인식하지 못한다. '놈'이 되는 문제의 핵심은 여기 있는지도 모른다.

사랑하는 남자 사랑하는 여자

유니섹스의 시대다. 50 대 50으로 사람을 나누어 판단하기에는 저마다 개성과 정체성이 다양해졌다. 남자답다는 것, 여자답다는 것에 대해 명확한 정의를 내리기가 점점 어려워지고 있다. 때문에 남자와 여자를 구분하고 분석하는 일이 설득력을 얻기도 어려워 보인다.

다만 사람들이 가진 생각의 속도가 시대의 속도와 늘 일치하는 것은 아니다. 사회생활을 해보면 아직도 남녀에 관한 편견이 존재하고, 과거의 통념에 맞추어 사람을 판단하는 경우를 자주 겪게 된다. 늘 피곤에 지쳐 있는 직장인들은 복잡하게 생각하기보다는 '남자라서 저래', '여자니까 그런다'는 식으로 넘겨버리기 일쑤다. 그래서 우리는 사회적으로 통용되는 남녀의 차이를 어느 정도는 알아둘 필요가 있다. 그것을 얼마나 수용할지는 그다음 문제다.

이제부터는 남자와 여자의 차이를 중심으로 사랑 앞에 놓인 난관을 헤쳐나가는 방법을 살펴보려고 한다. 한 가지 유념할 것이 있다. 어떤 사람에게는 유효적절할 수 있겠지만, 모든 남녀에게 공통적으로 적용될 거라는 착각은 하지 말자. 사랑싸움이 벌어졌을 때, 당신과 그 사람 사이에만 존재하는 갈등의 원인이 있다. 그 이유를 세심히 살피는 것이 핵심이다.

먼저 과학적 근거에 따라 남녀의 차이를 따져보기로 하자. 남성의 뇌는 우반구의 공간 지각 및 기계적 처리 부위를 지나가는 혈류에 주로 의존하고, 여성은 뇌 양쪽에 있는 언어와 감정 조절 부위를 지나가는 혈류에 주로 의존한다. 여성의 뇌는 단어를 생각해내고 창조하는 부위와 단어를 기억, 감정, 감각 신호들과 연결하는 부위에서 신경 활동이 활발하게 일어난다. 반면 남성의 뇌는 공간 구조, 추상화, 신체 및 운동 감각 지능을 사용하는 부위에서 신경 활동이 왕성하다.

이런 남녀 뇌의 차이는 남녀 리더들의 인간관계와 스타일의 차이를 가져온다. 여성 리더들은 유대감을 형성할 때까지 계속 상호작용을 확대하며 일방통행보다 쌍방향 소통을 선호한다. 반면 남성 리더들은 상호작용을 일종의 거래로 여기는 경향이 있다. 남성은 무의식적으로 '이 사람과의 관계에서 무언가를 얻어내려면 나도 무언가를 주어야 한다'고 생각한다. 그런 식으로 쌍방 간 거래가 완료되면 그들은 상호작용을 마치고 자신의 일상으로 돌아간다.

남성과 여성은 업무 스타일도 다를 수 있다. 다양한 뇌중추들 간에 정보 처리 활동이 활발하게 일어나는 여성은 개개인의 상이한 아이디어들 속에 숨은 연관성이나 발전적 요소를 찾으려 하고, 남성은 궁극적인 목표를 향해 좀 더 신속하게 움직이길 원한다. 또 여성 리더는 귀납적으로 문제 해결을 하는 경향이 있어 다른 사람들의 이야기, 의견, 주장을 모두 듣고 나서 해결 방법을 직관적으로 결정한다. 이러한 직관력은 여성의 뇌량(뇌의 좌반구와 우반구를 연결해주는 교량)이 남성보다 더 크기 때문에 가능하다.

남성 리더는 여성 리더에 비해 직접적으로 명령하는 스타일이 많고, 여성 리더는 자신이 원하는 것을 팀원들에게 설명하고 어떤 식으로 목표를 달성해야 하는지 설명하는 경향이 있다. 더불어 남성 리더는 대인관계보다는 업무 성과와 수행도를 평가 기준으로 삼는다. 이와 달리 여성 리더는 업무 성과 못지않게 사람들과의 관계를 중시한다. 여성이 대인관계를 관리하는 데 남성보다 많은 시간을 할애하는 이유는 남성에 비해 풍부한 언어 능력의 영향이다. 여성의 경우 전두엽과 측두엽 부위의 언어중추와 변연계의 감정중추 간에 활발한 접촉이 일어난다는 사실이 이를 뒷받침한다.

특히 대인관계에 대한 남녀 차이로 인해 연애는 물론 직장생활에서 갈등이 야기되는 경우가 심심치 않게 벌어진다.

같은 회사에 다니는 철수와 영희는 입사 동기다. 어느 날 두 사람은 이사회 준비를 맡아서 하느라 하루 종일 긴장된 시간을 보내야 했다. 이사회가 끝나고 난 뒤 영희가 철수에게 한숨을 내쉬며 "오늘 하루는 정말 끔찍했어"라고 말하자, 철수는 "더 안 좋은 날도 많은데, 뭘. 더 바쁜 날도 있잖아"라고 대답했다. 철수는 자기도 오늘 힘들었지만, 영희가 너무 힘들어하는 것 같아 위로하고 싶은 마음에 더 힘든 날도 있으니 기운을 내라고 한 말인데 영희의 표정이 좋지 않다. 사실 영희는 오늘 하루가 참 힘들었다는 말에 공감해주길 바랐을 뿐인데, 마치 자기 혼자만 힘들어한 것처럼 느껴져서 위로는커녕 기분이 더 나빠졌다.

똑같이 힘든 업무 때문에 스트레스를 받을 때 남성과 여성은 다른 반응을 보인다. 남성은 문제를 축소시킴으로써 스트레스를 줄이고,

여성은 문제를 더 크게 과장하여 그에 대해 이야기를 하면서 스트레스를 푼다. 그래서 똑같은 상황이라도 남성과 여성은 다르게 표현한다.
직장에서 남성이 말을 할 때는 대개 요점을 지적하기 위해서다. 그래서 여성이 오늘 힘들었다고 말하면, 상대가 원하는 대답이 아니라 나름대로 상황을 분석해서 '철수'처럼 말하게 된다.

반면 여자의 말에는 요점뿐만 아니라 감정까지 실려 있다. 예컨대 "오늘 하루가 너무 힘들었다"는 말은 위로받고 싶다는 감정의 표현이다. 이런 경우 철수는 "그러게, 오늘은 정말 힘든 하루였어"라고 공감해주면 된다. 그러면 영희는 "그래도 일이 잘 끝나서 다행이야"라든가, "내일부터는 좀 여유로울 거야" 하고, 철수가 먼저 말해버린 내용을 알아서 이야기했을 것이다.

결론적으로 남성은 무슨 말을 할지 미리 정해놓고 말을 하지만, 여성은 일단 말해놓고 난 다음에 머릿속에서 정리하고, 하고 싶은 말이 무엇인지 생각한다. 그러다 보니 남성이 다수를 차지하는 직장에서 여성은 감정적이라는 편견을 줄 수밖에 없다. 어떤 일을 시켰을 때, 남성은 그 일을 해결하기 위한 전략을 마음속으로 짜고 결론만 표현하는 반면, 여성은 그 일을 해결하기 위해서는 어떤 절차가 필요하고 그 과정에서 자신이 느낄 감정을 말로 하면서 최종적인 계획을 세운다. 이 때문에 결과적으로 똑같은 해결책을 내놓는다 하더라도 여성은 더 감정적으로 비치게 된다.

이러한 대화 방식이나 감정 표현 방식의 차이는 연인들의 대화에서도 드러난다. 남성은 오늘 자신이 무엇을 잘못했고 앞으로 어떻게 해야 되는지에 대해 구체적으로 듣기를 원하고, 여성은 그렇지 않다. 며칠 전에도 똑같은 상황이 있었는데, 그때 자신이 어떤 감정을 느꼈으며, 그런 감정 때문에 나타난 여러 가지 행동들에 대해서도 짚고 넘어간다. 뿐만 아니라 사과하는 태도를 문제 삼기도 한다.

남성과 여성의 뇌량 차이에서 그 이유를 찾을 수 있다. 뇌량은 좌뇌와 우뇌를 연결하는 케이블 같은 것이다. 여성이 남성보다 뇌량이 약 12퍼센트 정도 크다. 뇌량으로 따지면 확실히 여성이 강자다. 뇌량은 좌뇌와 우뇌의 협력관계를 강화하고, 좌뇌와 우뇌 각자의 역량을 시너지화하는 능력을 강화한다.

이로 인해 남녀 간에는 청력의 차이가 생긴다. 여성이 남성보다 청각 자극에 훨씬 더 예민하다. 여성은 소리를 들을 때 좌뇌와 우뇌를 모두 사용하지만 남성은 한쪽 뇌만을 사용한다. 1995년 예일 대학교는 핵자기공명단층촬영 사진을 통해, 남성은 왼쪽 뇌의 일부분만을 사용해서 언어를 구사하는 데 비해, 여성은 왼쪽과 오른쪽 뇌 모두를 사용한다는 것을 증명하기도 했다.

두 번째는 동시수행 능력의 차이다. 여성은 여러 가지 일을 동시에 할 수 있지만 남성은 그렇지 못하다. 예컨대 여성은 다른 사람과 대화를 하면서도 요리도 하고 설거지도 한다. 하지만 남성은 여러 가지 일을 동시에 하는 것을 어려워한다. 남성의 뇌구조가 병렬수행이 어려운 직렬수행의 구조로 되어 있기 때문이다.

세 번째는 감정 표현의 능력 차이다. 여성은 남성보다 감정 표현을 다양하게 한다. 그런데 여성이 활발하게 감정 표현을 한다는 것이 조직 내에서 장점이 되는지는 짚고 넘어가야 할 문제다. 여성이 감정에 충실하고 감정을 솔직하게 드러내면 비웃음을 사기 쉽다. 더 나쁜 상황은 비웃음을 감수하면서까지 드러낸 감정을 묵살하거나 진지하게 받아들이지 않는 것이다. 여자의 눈물 뒤에는 모종의 계략과 저의가 깔려 있을 거라고 넘겨짚기도 하고, 여성이 목소리를 높이면 잘못된 일에 대한 분노를 표현하는 것이 아니라 이유 없이 히스테리를 부린다는 오해를 사기 쉽다. 더욱이 토론이나 회의 중에 자신의 감정을 드러내 보이며 주장을 펼치려고 하면, 이성적으로 판단하고 논의해야 할 자리에서 감정적이라며 더 이상 들으려 하지 않는다. 이 때문에 우리는 여성과 남성의 차이에 대한 이해와 배려가 필요한 것이다. 다른 성을 이해할 수 없어 배척한다면 파트너로서 일할 수 있는 기회 혹은 사랑할 수 있는 기회가 줄어들 뿐이다. 여성과 남성의 다름을 알고 이해하려는 노력이 필요하다.

차이를 바라보는 대화하기

사랑에 빠져 죽고 못 살 것처럼 하던 연인들이 왜 결혼한 뒤에는 갈등을 겪을 수밖에 없을까? 영원할 것만 같던 연애의 감정이 결혼한 뒤에도 한결같을 수는 없을까? 시간이 지남에 따라 부부가 남보다 못한 사이가 되기도 한다. 그 이유야 수도 없이 많겠지만, 가장 큰 이유는 의사소통이 제대로 이뤄지지 않아서다.

그리고 그것이 남녀 간의 차이 때문이든, 환경의 차이이든, 상황의 차이이든 서로 다른 입장에서 소통을 시작하는 가장 쉬운 방법은 대화다. 자기심리학Self Psychology의 창시자 하인츠 코헛Heinz Kohut은 건강한 자기로의 발달을 위해서 '공감'의 중요성을 강조했는데, 보통 비슷한 사람에게 끌리는 심리를 생각하면 이해하기 쉽다. 모든 인간관계에서 대화는 바로 소통의 코드다.

부부 간의 대화는 애정의 정도와 연관성이 깊다. 대화가 잘되면 애정도 깊어지고, 애정이 있으면 대화도 잘 이루어진다. 부부 사이에 대화가 안 되거나 소통이 단절되면 애정도 식고 친밀감도 떨어져 사이가 멀어지며 관계가 악화된다. 결혼 17년째인 나를 혹은 지인들을 보아도 이를 알 수 있다. 사랑하는 사람이 있는가? 어쩌다 부부(또는 연인) 사이가 이렇게 멀어졌는지 고민하고 있는가? 그렇다면 역지사지의 마음으로 상대를 바라보라. 말하기는 쉽지만 실천하기는 어려운 사랑하는 이의 마음을 읽어내야 한다. 왜 그(또는 그녀)는 그런 식으로 행동할까? 무슨 사정이 있었던 것일까? 내일을 위해 한번만 더 상대의 입장에서 긍정적인 시나리오를 써봐야 한다. 엉뚱한 상상만 해봐야 당신만 힘들 뿐이다. 내일 당장 헤어질 마음이 아니라면, 내일도 얼굴을 맞대고 살아야 할 아내 또는 남편이다, 대화로 사실fact에 충실한 시나리오를 써야 성공한다. 그래야 대화가 시작된다.

사랑하는 사람과의 바람직한 대화법에 대해 알아보자. 첫 번째는 긍정적으로 대화하기다. 먼저 상대를 인정하고 갈등을 해결해보겠다는 마음을 가져야 한다. 언제나 나의 의견을 따르도록 해서는 안 된다는 것이다. 갈등이 생기면 일단 해결하려는 분위기를 만들어야 한다. 예를 들어 "당신이랑은 말이 안 통해", "당신이 뭘 알겠어" 등의 핵무기는 자제하고, "그 부분은 내가 잘못한 것 같아. 미안해", "미안해. 내가 심했어. 어떻게 하면 좋을까"와 같은 마법의 단어인 '미안해'로 갈등 해결의 분위기를 만들어야 한다.

두 번째는 경청이다. '말이 안 통해'라는 불만의 원인이 무엇인지 생각해보았는가? 경청은 일반적인 듣기와는 다르다. 들을 준비가 되어 있지 않은 상태에서 상대의 말을 한 귀로 듣고 한 귀로 흘려버린다면 대화라고 할 수 없다. 대화 매너에도 경청은 중요하다. 매너라고 표현한 것은 대화 상대가 누구건 간에 경청의 중요성을 인식하고 실천해야 하기 때문이다. 어렸을 적 나의 아버지는 어머니와 대화를 나눌 때 거의 눈을 마주치지 않았다.

아버지는 신문이나 TV를 보면서 어머니의 질문에 대답하셨다. 하루 종일 기다려온 시간이건만 상대가 이런 식이면 대화할 마음도 자신감도 사라질 수밖에 없다. 그런데 놀라운 일은 서로 다른 이야기를 나누시다가도 결론을 이끌어낸다는 것이었다. 물론 이럴 경우에는 누군가의 투덜거림으로 이야기가 마무리되곤 했던 것 같다. 잊지 말자. 부부나 연인 사이에도 지켜야 할 대화 매너가 있다. 상대가 말할 때는 눈을 마주치는 것은 기본이고 배꼽도 상대를 향해야 한다. 몸도 마음도 상대에게 집중하라는 얘기다. 그래야 서로 다투는 일도 줄어든다.

마지막으로 공감하는 대화다. 공감을 하려면 상대의 말 속에 담긴 마음을 읽을 줄 알아야 하고, 상대의 감정이 어떤지도 파악해야 한다. 마음을 열지 않으면 귀를 열게 할 수 없다. 귀를 열어야 내 말도 듣는다. 감정을 파악해야 마음이 열린다. 어떤 감정 상태로 무슨 말을 하는지 알려고 노력한다면 갈등이 생길 일이 없고, 기분 좋은 대화가 이루어질 것이다. 예컨대 "그래, 충분히 그렇게 생각할 수 있어", "나도 당신의 말에 공감해"라는 사랑의 메시지를 곁들여라. 이제는 서로 대화다운 대화를 해야 하지 않겠는가?

Point

- 사랑으로 인한 갈등이 빚어졌다면 먼저 그 원인을 나에게서 찾아라.
- 몸이 늙고 병들듯 사랑도 변한다. 사랑을 유지하는 데도 노력이 필요하다.
- 남녀 간의 차이와 편견은 여전히 존재한다. 서로 '다른' 점을 파악하여 상대를 배려하는 근거로 활용하라.
- 결국은 대화다. 어려운 상황에 놓일수록 끈기를 가지고 사려 깊게 대화하라.

2 '갑'뿐인 그대

영원한 갑은 없다

최근 갑을 관계가 화제다. 차별받는 '을'에 대한 이야기가 많이 나오지만 '갑'에 대해서는 이렇다 할 담론이 나오지 않는 것 같다. 갑을 관계라는 구조 자체에 대한 문제 제기는 한없이 할 수 있겠지만 현실적으로 갑과 을의 개념을 완전히 없앤다는 것은 불가능하다는 점을 인정해야 한다. 사람마다 가진 게 다르고 정보의 양이 다르며 권한 행사 범위가 다르다. 우리 모두는 누군가의 갑이며 동시에 을이다.

따라서 부당한 갑에 대항하는 을을 보호하는 일도 중요하지만 내가 갑이 되었을 때 어떤 마음가짐을 가져야 하는지에 대해서도 기본 원칙을 세워두어야 한다. 수많은 갑과 을의 위치를 경험하게 되는 비즈니스 세계에서 올바르지 못한 갑이 끼치는 해악은 이루 말할 수 없다. 한 설문조사에 따르면 자신을 '을'이라고 생각하는 직장인 가운데 '갑이 주는 스트레스 때문에 회사를 그만두고 싶다'고 응답한 사람이 72.7퍼센트에 달했다고 한다. 치마를 입은 채 갑에게 무릎까지 꿇어보았던 나 역시 회사를 접고 싶었던 적이 한두 번이 아니다. 도대체 왜 갑의 횡포가 늘어나는 걸까?

독이 든 음식을 먹고 광해가 의식을 잃은 사이, 국정의 혼란을 막기 위해 광해와 생김새가 비슷한 천민 하선이 왕 노릇을 하게 된다. 어떻게든 왕권을 강화해야 했기에 왕의 위험을 알릴 수도 없고, 알려져서도 안 된다. 그래서 찾아낸 방법이 그를 대신할 대역을 찾는 것이었다. 걸쭉한 만담으로 인기를 끌던 하선이 그 대역으로 낙점이 되고, 영문도 모른 채 궁에 끌려가 왕의 역할을 대신할 것을 명령받는다. 왕권을 지키기 위해 노력하는 관료들과 달리 하선은 모든 것이 낯설기만 하다. 가진 것이 없기에 잃을 것도 없는 천민 하선은 나라에서 가장 높은 자리에 앉게 된다. 처음에는 왕 노릇을 하는 게 어색했지만 점점 잘하게 된다. 점차 왕의 자리를 무겁게 느끼며, 어느새 나라를 돌보는 진정한 왕이 되어가는 하선. 가짜 광해는 왕의 권력을 이용해 정치에 불만이 많은 백성들의 마음을 알아주고, 기미나인 사월이를 대신해 복수해주고, 중전의 오라비를 살려주면서 약속을 지키는 왕이 된다.

– 영화 〈광해〉 줄거리

영화 〈광해〉는 최하층민인 천민이 절대권력자인 왕의 역할을 하면서 벌어지는 이야기를 다루었다. 과연 천민이 왕 노릇을 하는 게 가능한지 고개를 갸우뚱하게 되지만 그럴듯하게 이야기를 풀어간다. 어려운 고비가 몇 차례 있었지만 어느새 을 중의 을이었던 하선은 슈퍼 갑인 왕의 역할을 원래 왕보다 더 훌륭하게 수행해낸다.

〈광해〉에서 신분제는 허상이자 우연의 산물이다. 천민으로 태어났기에 천민일 뿐, 천민이라고 왕 역할을 못하는 게 아니다. 갑과 을의 관계도 마찬가지다. 언젠가 을도 갑이 될 수 있다. 영원한 갑도, 을도 없다. 당신이 지금 갑의 입장이라면, 늘 이 사실을 인지해야 한다. 물론 갑이라고 다 횡포를 부리는 것은 아니다. 우리 사회에도 훌륭한 갑이 많다. 남아프리카공화국 최초의 흑인 대통령 넬슨 만델라를 생각해보자. 그는 대학 시절 친구가 백인에게 모욕당하는 것을 보고 인종차별의 부당함을 알게 됐고, 흑백분리 정책에 맞서다 27년 동안 감옥살이를 해야 했다. 이렇게 온갖 고초를 겪었지만 감옥에서 나와 대통령으로 당선되면서 350년 동안 지속된 백인 통치를 끝냈다. 더 중요한 사실은 만델라가 피 비린내 나는 복수극 대신 용서와 포용, 화해와 관용 정책을 펼치며 피 한 방울 흘리지 않고 사회를 변화시켰다는 것이다.

갖은 고생 끝에 대통령이 되었지만 만델라는 권력을 남용하지 않았다. 단 한 명도 과거사로 처벌받지 않았으며, 백인에 대한 탄압이나 보복도 없었다. 탄압받던 피지배 계층이 권력을 장악했지만, 압제자들을 숙청하지 않고 평화 공존을 도모한 것이다. 이것이야말로 진정한 갑의 모습이 아닐까? 자신의 권력욕을 채우기 위해 반대 세력을 억압하는 이 땅의 권력자들과는 너무나 다르다. 국민들로부터 절대적인 신임을 받은 그는 종신 대통령직을 제의받았고 헌법상 재임이 가능했지만, 5년 임기를 마치고 대통령 자리에서 내려왔다. 퇴임 후에도 에이즈 퇴치운동, 어린이 교육을 위한 기금 마련과 자선활동 등을 하며 사회에 공헌했고, 인류 평화를 위한 길에 매진하여 전 세계 사람들로부터 존경을 받았다.

만델라 같은 성인이 되기는 어렵겠지만 우리는 만델라의 이야기에서 올바른 갑이 되기 위한 한 가지 방법론을 엿볼 수 있다. 그것은 사회적 가치에 대한 인식이다. 인류의 평화를 위해 노력하자는 거창한 이야기를 하는 게 아니다.

과거와 달리 현대 사회는 긴밀한 네트워크로 연결되어 있다.

여섯 단계만 거치면 아는 사람이라는 인간관계의 법칙을 들어보았을 것이다. 전혀 상관없을 것 같은 사람도 아는 사람의 아는 사람, 그 아는 사람의 아는 사람…… 이런 식으로 여섯 다리만 건너면 연결된다는 이야기다. 이는 실험으로 검증된 사실이기도 하다. 지구촌이라는 말은 이럴 때 적절할 듯싶다.

이를 갑을 관계에 적용해보면 어떨까. 당신이 갑이고, A씨는 을이라고 해보자. A씨는 당신과의 관계에서는 을이지만 돌고 돌아 당신의 가족 중 한 사람의 갑일 수도 있다. 당신이 을에게 뭔가 부당한 이득을 취한다면 그것은 부메랑처럼 돌고 돌아 어떤 식으로든 당신이 속한 사회나 공동체에 부정적 영향을 준다.

좋은 사회를 만들자는 말은 막연하게 아름다운 구호가 아니라 지금처럼 점점 가까워지는 지구 안에서 즉각적으로 나에게 영향을 줄 수 있는 중요한 지향점이다. 우리는 지금 부족 사회에 사는 게 아니다. 나 자신, 내 가족의 울타리만 지킨다고 행복한 삶을 살 수 있는 시대가 아닌 것이다.

물론 여전히 갑을 관계에서 횡포를 부리는 대기업이 승승장구하는 중이다. 그러나 그런 기업들마저 CSR Corporate Social Responsibility (기업의 사회 책임)의 비중과 기업 이윤의 사회 환원 정도를 점차 높이고 있다. 그 이유가 무엇인지 생각해보자. 비즈니스 차원에서 생각해도 최소한 자신이 속한 공동체를 감안하지 않은 사업 계획은 점점 성공하기 어려워지고 있다.

결국 지금의 을을 미래의 갑으로 대하라는 얘기다. 최근 한 개그 프로그램에서 이 상황을 재미있게 패러디해 인기를 끌고 있다. 식당 주인이 에어컨 수리공을 불러 횡포를 부리자 이에 발끈한 수리공이 그 식당의 손님으로 돌변해 주인을 골탕 먹인다. 갑과 을이 한순간에 뒤바뀔 수 있음을 꼬집는 내용이다.

둘러봐라, 당신이 어디에 서 있는지

'분'이 되는 갑으로 가기 위해서 또 한 가지 중요한 것이 있다. 자기 위치를 정확히 아는 것이다. 인천공항에서 미국 로스앤젤레스로 가는 비행기에 탑승한 대기업 임원이 서비스를 문제 삼아 승무원을 폭행한 사건이 있었다. 그 대기업 임원은 처음에 기내식을 받고서 밥이 설익었다며 승무원에게 교체를 요구했다. 이후 기내식이 다시 제공되었는데 이번에도 마음에 안 들자 라면을 요구했다. 승무원이 라면을 끓여오자 라면이 설익고 짜다는 이유로 수차례 다시 끓여오라고 요구했고, 급기야 승무원에게 폭언을 하고 잡지책으로 승무원의 얼굴을 때리기까지 했다. 일명 '왕상무 사건'이다. 네티즌에 의해 그가 소속된 기업까지 폭로되자 왕상무는 사직서를 써야 했다.

고객은 왕이고 갑이라지만, 왕상무의 행위는 지나친 면이 있었다. '서비스업은 으레 그렇다'라는 식의 발상은 위험하다. 일방적인 희생을 합리화하는 꼴이다. 손님과 직원은 어느 한쪽의 필요에 의해 성립된 관계가 아니다. 손님은 자신이 필요한 제품을 구매하고, 직원은 주어진 업무에 따라 제품을 홍보하고 판매한다. 서로 도움을 주고받는 관계다.

그렇기에 서로 배려하고 존중해야 한다. 고객만 왕이 아니라는 것이다.

친절함은 서로에 대한 배려를 기본으로 한다. 한쪽의 희생을 요구하는 것이 아니다. 서비스직을 가진 사람이라면 당연히 친절해야 한다. 친절하지 않으면 지갑을 열 고객은 없기 때문이다. 그러나 문제는 상식 이하의 '왕상무' 같은 고객과 국가적인 망신으로 이어진 직원들에 대한 갑질, '땅콩회항' 사건의 경영진은 이해받을 수 없다. 그렇기에 서로 배려하고 존중해야 한다. 고객만 왕이 아니라는 것이다.

어느 파워블로거는 자신의 온라인 영향력을 내세우면서 갑질을 하다가 여론의 몰매를 맞았다. 한 대형 마트에서 특정 제품을 구매하는 고객에게 상품권을 증정하는 행사를 했는데, 직원이 행사 표시를 잘못한 것을 발견해 문제 삼았던 것이다. 마트 직원은 자신이 잘못 기재한 것을 바로 인정하고 그에게 상품권을 증정했다. 그런데 그는 갑자기 사진을 찍은 후 "내가 파워블로거다. 방금 찍은 사진을 블로그에 올리겠다"고 말하며 자신의 블로그에 "직원이 곧바로 사과를 하지 않아 화가 나서 잠을 못 자겠다"는 내용의 글을 사진과 함께 올렸다. 결국 행사 표시를 잘못 붙인 직원은 극심한 스트레스를 견디지 못하고 10년 동안 다니던 회사를 그만둘 수밖에 없었다. 이 '자칭' 파워블로그의 사례가 갑으로서의 위치 감각을 상실한 경우를 잘 보여준다. 누군가의 동료이자 부모이자 내 이웃일 수 있는 그 직원을 그만두게 한 파워블로거는 무엇을 얻었을까?

판매원과 고객은 팔고 싶어하는 사람과 사고 싶어하는 사람이 만난 평등한 관계다. 고객의 권리를 넘어서는 무례를 범하지 말아야 한다. 손님은 왕이라는 말을 듣고 싶으면 왕답게 굴어야 한다. 왕으로 대접받기 위해서는 품위와 체통이 기본이다. 지켜야 할 것은 지키지 않으면서 누릴 것은 다 누려야겠다는 심보를 버리지 않는 한 왕이 될 수 없다.

어느 유통회사 사업장에는 이런 표어가 걸려 있다.

“고객은 왕이고 직원은 황제다.”

“우리 직원이 고객을 왕처럼 모셔준다면 나는 그러한 직원을 황제처럼 모셔야 하지 않겠느냐”는 게 사장의 설명이다. 어느 여행사는 사장이 직원을 뽑는 것이 아니라 직원이 사장을 뽑는다. 회사 창업주가 최근 대표직에서 물러났는데, 그 이유가 선거 공약 80퍼센트 지지율을 달성하지 못하고 79.2퍼센트의 지지를 받는 데 그쳤기 때문이다. 이 회사는 직원들이 투표하여 임원진을 선출하는 간부 직선제를 고수하고 있다. 회사 규정에 따르면 임기 첫해에는 50퍼센트, 이듬해는 60퍼센트, 3년째부터는 70퍼센트의 지지율을 넘겨야 간부가 될 수 있다. 아랫사람에게 좋은 평판을 받아야 승진이 가능한 구조인 것이다. 감정적인 고객, 변덕스러운 고객, 심지어 뻔뻔한 고객을 상대하며 험한 꼴을 당하는 직원을 이해하고 배려하여 갑으로서의 역할을 할 수 있도록 지지해주는 그들이 진정한 갑이 아닐까 싶다.

그런 측면에서 2014년 벌어진 일명 ‘땅콩회항’사건은 종속관계의 갑질로 씁쓸함을 남긴다. 그들의 ‘놈’짓에 대한민국의 가치마저 평가절하되어 슬프다. ‘분’다운 갑들이 많은 조직문화 정착이 시급하다.

한 가지 덧붙인다면 균형 감각을 잃은 채 갑으로만 살아온 사람은 우여곡절 끝에 을이 되었을 때 상당한 곤경에 처할 수 있다. 퇴직자들의 삶을 살펴보면 알 수 있다. 갑의 위치에 오래 있던 사람일수록 퇴직 후의 삶에 적응하지 못한다. 외환위기로 구조조정을 당한 후 은행을 나온 고위급 인사 중에는 퇴직금으로 서비스업을 시작해 실패한 사람이 적지 않다. 은행에서 일하던 습관대로 일하다 보니 손님 응대를 견디지 못한 것이다. 하지만 같은 은행을 나왔어도 예금유치를 위해 부지런히 뛰어다니며 머리를 숙여본 직원은 밑바닥을 경험해본 덕분에 궂은일부터 차곡차곡 준비해 제2의 인생을 열고 또 한 번 갑이 될 수 있었다. 을을 배려하지 않고 이해해본 적이 없는 갑이라면 끝까지 갑의 위치를 지키기 어렵다.

퇴직해도 걱정이 없다며 큰소리치는 임원들이 있다. "때려치우고 장사하면 되지, 자네 올 거지?" 그런데 이런 말을 가장 많이 하는 사람들이 주로 '놈 짓'을 하던 임원이다. 지금의 '을'들을 보며 언제든지 기꺼이 손님이 되어 찾아와줄 거라고 생각한다면 큰 착각이다.
'놈' 짓 하던 갑이 을이 된 순간일 뿐이라는 것을 잊지 말자.
'놈'은 죽지만, '분'은 살아남는다.

배려하되, 분위기는 주도하라

갑과 을도 결국은 하나의 인간관계다. 타인을 배려하는 갑이 '센 분'이 된다. 타인을 배려하기 위해서는 어떻게 해야 할까? 나는 선의로 한 행동인데 상대가 기분 나쁘게 받아들일 수도 있고, 내가 배려한다고 한 행동이 오히려 민폐가 될 수도 있다. 열심히 노력해도 자꾸 헛바퀴가 도는 느낌을 받을 때가 있다. 이것은 배려하려는 자세가 잘못된 것이 아니라, 배려의 방향이 잘못되었기 때문이다.

타인을 배려한다는 것은 단순히 잘해주는 것이 아니다. 타인이 내게 해주길 바라는 행동을 하라는 기본 원칙은 타인을 배려하는 하나의 방법이 될 수 있지만, 세상이 내 맘 같지 않을 때가 있다. 세상에는 무수히 다른 문화와 집단이 있고 개개인의 성향이 모두 다르다. 따라서 나를 기준으로 삼으면 어긋나는 부분이 생기게 마련이다. 당신이 착한 사람을 좋아해 상대에게 '선해 보인다'고 칭찬한 것이 그 사람에게는 칭찬이 아닐 수도 있다. 왜냐하면 그 사람은 거절하지 못하는 성격 탓에 만날 손해 보는 기분으로 살고 있기 때문이다.

다른 사람이 원하는 것이 무엇인지를 알기 위해서는 그 사람을 제대로 이해해야 한다. 그 사람에게 직접적으로 연관된 정보들을 분석해야 그가 무엇을 원하는지도 알 수 있다. 중요한 사람일수록 사전조사를 하거나 공부를 하는 것이 좋다. 만약 외국인을 만나게 된다면 그 나라의 문화에 대해 공부하는 것이 좋다. 어떤 특정 집단에 소속된 사람을 만나기 전에는 최소한 그 집단이 어떤 문화를 가지고 있는지 파악해보려는 노력을 기울여야 한다. 특히 갑과 을의 관계 맺음에서는 상호 간에 이런 노력이 필요하다.

상대가 어떤 사람인지를 알고 난 뒤에는 그것을 인정해야 한다. 출신성분, 정치 성향, 말투, 외모 등등. 도저히 양보할 수 없는 점이 있다면 어쩔 수 없지만 상대를 인정해야 배려할 수 있다. 차이를 인정하게 되면 그 차이 때문에 상대가 저지를 수 있는 실수도 이해하게 되므로 내 감정도 덜 상한다. 타인에 대해 항상 배우고 이해하려는 자세. 이것이 당신의 배려가 허공에 흩어지는 껍데기 배려가 되지 않는 길이다.

배려를 전제로 한 마음 상태로 만남의 현장을 부드럽게 리드할 수 있는 노련함을 갖추면 더할 나위 없다. 좀 더 어려운 단계지만 주변을 살피면 배울 만한 사람을 금방 찾을 수 있을 것이다. 부드럽게 분위기를 주도할 줄 아는 매력적인 사람은 많다.

처칠이 2차 세계대전 초기 루스벨트 대통령을 만나러 미국으로 갔다. 하루는 처칠이 숙소에서 목욕을 한 뒤 허리에 수건만 두른 상태였는데 갑자기 루스벨트 대통령이 나타났다. 그때 공교롭게도 허리에 감고 있던 수건이 스르르 내려갔다. 정장 차림의 루스벨트를 향해 처칠은 두 팔을 벌리며 농담했다.
"보시다시피 영국은 미국과 미국 대통령에게 아무것도 감추는 것이 없습니다."
처칠은 처음 하원의원 후보로 출마했을 때에 인신공격을 받았다.
"처칠은 늦잠꾸러기라고 합니다. 저렇게 게으른 사람을 의회에 보내서야 되겠습니까?"
처칠은 이렇게 대꾸했다.
"여러분도 나처럼 예쁜 마누라를 데리고 산다면 아침에 결코 일찍 일어날 수 없을 것입니다."
이 유머는 총리가 되고도 한 번 더 써먹었다고 한다. 국회에 늦은 처칠은 늦어서 미안하다면서 이렇게 말했다.
"그래서 앞으로는 회의 전날에는 각방을 쓸 생각입니다."
사람들은 더 이상 이에 대해 언급하지 않고, 곧장 회의를 시작했다고 한다.

갑과 을이 만나는 자리는 종종 험악해진다. 그럴 수밖에 없는 일들이 생기는 까닭이다. 상대가 화를 낼 때 나도 같이 화를 내는 것은 당연히 피해야 할 일이다. 하지만 무조건 냉정을 유지한다고 문제가 해결되지는 않는다. 화가 풀려야 일이 풀린다면 자존심을 세우기보다는 적극적으로 상대의 화를 풀어주자. 자신이 사과할 수는 없는 상황이라면 분위기를 전환시킬 수 있는 기술이 요구된다. 이럴 때 유머는 분위기를 전환하는 가장 좋은 무기가 된다.

누구나 재미있는 사람을 좋아한다. 항상 이야깃거리가 넘치고, 이야기를 재미있게 하는 사람은 그 곁에 있는 것만으로도 기분 좋게 해주기 때문이다. 그래서 일상에서 소소한 유머를 던져 다른 사람에게 작은 웃음을 줄 수 있는 사람은 인기가 높고 더 신뢰를 받는다.

유머가 쓸데없는 말장난으로 보일지도 모른다. 물론 유머를 너무 남발하면 실속이 없다. 매사에 진지하지 않고 얼렁뚱땅 넘어가려고 한다는 인상을 줄 수 있다. 눈치 없이 날리는 유머도 역효과를 불러올 뿐이다. 상대가 화나 있거나 문제가 심각한 상황에서 자칫 잘못 던진 유머는 상대의 감정을 무시한다는 느낌을 줄 수도 있다. 때문에 유머는 단순한 말장난이 아니라, 분위기에 맞는 고도의 화술이다.

분노의 감정 또한 순간적인 감정이다. 당신도 불같이 화를 냈다가 어느 순간 거짓말처럼 분노가 사그라지는 경험을 한 적이 있을 것이다. 화를 내다가 누군가의 재치 있는 유머에 피식 웃음이 터져나오기도 한다. 상대가 화를 내고 있을 때에는 무조건 따지거나 무시하지 말고, 일단 기분이 풀릴 만큼 화를 내도록 시간을 준 다음 재치 있는 말로 분위기를 전환해보자. 화를 낸 당사자가 오히려 무안해지는 경우도 있다. 이럴 때도 유머가 큰 효과를 발휘한다.

사실 유머 감각이 없는 사람에게 유머를 발휘하라는 것은 참 난처한 요구다. 억지 개그를 하다가 썰렁해지면 피차 당황스럽기만 하다. 그렇다고 미리 걱정하지는 말자. 배꼽을 잡을 만큼 웃긴 이야기는 아니더라도 분위기를 바꿀 수 있는 소소한 유머는 얼마든지 있다. 어떻게 하면 분위기를 기분 좋은 방향으로 전환할 수 있을까, 어떻게 하면 상대의 기분을 풀어줄 수 있을까를 생각하는 것만으로도 충분하다. 재미있는 예능 프로그램에 대해 '감 잡았어', '웃음 포인트를 잘 찾는다'는 칭찬을 한다. 그만큼 유머는 전체 흐름에 맞아야 웃음을 준다. 분위기를 잘 읽는 것이 유머의 시작이며, 그런 맥락에서 보면 타인을 배려하는 사람이 진정 유머 있는 사람이기도 하다.

혼자서 유머러스해지기 어렵다면 자신을 도와줄 조력자를 발굴하는 것도 좋다. 그 파트너가 적극적으로 유머 감각을 발휘할 수 있게 평소에 자신감을 불어넣어주고 파트너십을 구축하면, 난감한 순간에 결정적인 한마디로 당신을 위기에서 구해줄 수 있다. 아니면 당신의 약점을 살짝 노출하여 상대에게 유머 소재를 만들어주는 방법도 있다. 방법은 여러 가지다. 무리하지 말고, 가벼운 미소를 나누는 것부터 시작하라.

Point

- 저열한 '갑'이 되지 않기 위한 첫 번째 방법은, 자신이 속한 세계가 어떻게 돌아가는지를 정확히 바라보는 것이다.
- 영원한 갑도, 영원한 을도 없다. 오만하지도, 좌절하지도 말자.
- 을보다는 갑이 되었을 때 주제 파악을 제대로 해야 한다.
- 갑을 관계의 근본적인 해법은 상대를 배려하는 마음이다. 유머러스하게 상대를 배려하라.

3 말 못하는 그대

당신은 '약한 분'인가요, '약한 놈'인가요?

'말 잘했다'라는 말의 속뜻

요즘은 말의 홍수 시대다. 과거에는 거대 언론을 통해서나 들리던 말들이 SNS의 등장으로 개인들의 입에서까지 폭포처럼 쏟아지는 시대다. 이제는 말을 하고 안 하고의 문제가 중요하지 않다. 홍수처럼 쏟아지는 말들을 사람들이 다 들을 수 없는 까닭이다. 말을 잘하지 않으면 사람들은 아예 귀를 기울이지 않는다.

당신은 자신의 언변이 어느 정도라고 평가하는가? 보통 말을 잘한다고 하면 유창한 달변을 떠올리곤 하는데, 물론 재미있고 막힘없이 술술 말을 잘하는 것도 능력이다. 그러나 사회생활을 많이 경험하고 다양한 사람을 만날수록, 달변가가 반드시 의사소통을 잘하는 것은 아니라는 점을 알게 된다. 점잖고 품위 있는 단어를 사용해 말을 막힘없이 한다고 해서 말을 잘하는 것도 아니다.

말 한마디 실수로 난처해지는 것은 일상생활에서 흔히 겪는 일이다. 정말 큰 곤경을 겪은 사람의 이야기를 담은 영화 한 편을 소개한다.

VS

오대수는 아내와 어린 딸을 둔 평범한 샐러리맨이다. 어느 날 술에 취해 집에 돌아가는 길에 누군가에게 납치되어 사설 감금방에 갇히고 만다. 그는 영문도 모른 채 무려 15년이라는 시간을 그곳에서 갇혀 산다. 그를 가둔 사람들은 오대수에게 그 어떤 것도 이야기해주지 않는다. 감금방 안에 유일한 오락 도구인 텔레비전을 보다가 아내가 살해되었으며 자신이 살인범으로 지목되고 있음을 알게 된다. 오대수는 자살을 시도하지만 죽는 것조차 그에겐 용납되지 않는다. 15년 후에야 오대수는 감금에서 풀려난다.

복수심에 불탄 오대수는 갖가지 우여곡절 끝에 자신이 갇혀 있던 방을 찾아내고, 납치를 지시한 사람이 '우진'이라는 남자라는 것을 알아낸다. 우진은 오대수에게 게임을 제안한다. 그를 가둔 이유를 5일 안에 밝혀내면 스스로 죽어주겠다는 것이다. 오대수는 우진이 자신에게 품은 증오의 비밀을 풀기 위해 동분서주하던 중 충격적인 진실을 알게 된다.

– 영화 〈올드보이〉 줄거리

줄거리에 담지 못한 중요한 내용이 더 있지만 생략하기로 한다. 요컨대 우진이 오대수에게 원한을 품은 것은 오대수의 말실수 때문이었다. 오대수는 자신의 실수를 뼈저리게 후회하며 스스로 자신의 혀를 자르는 엽기적인 장면까지 연출한다.

오대수는 우진을 직접적으로 해치거나 무시하려고 했던 건 아니었다. 그저 재미로 별 생각 없이 어떤 말을 퍼뜨렸고, 이로 인해 우진은 치명적인 사건을 겪어야 했다. 결국 모든 일은 오대수가 우진의 입장과 상황을 세심하게 파악하지 못한 데서 시작되었다. 우진이 이토록 끔찍한 복수극을 벌인 원인이 무엇인지 궁금해하던 관객들은 사소한 말 한마디 때문이었다는 사실을 알고 허탈해하면서도 그 말이 불러온 파장에 몸을

떨 수밖에 없다. 그렇다. 말은 이토록 무섭다.

이 영화를 말, 나아가 소통의 차원으로 넓혀보면 상대를 고려하지 않은 발화가 얼마나 치명적인가를 생각해보게 된다. 말은 어디로 튈지 모르기 때문에 항상 조심해야 하고, 그 조심하는 마음의 근간은 상대에 대한 배려다. 노련한 강사일수록 청중이 누군가에 관심을 가지고, 그들이 말하고 참여할 수 있도록 적극적으로 노력한다.

나는 가끔 신입 영업사원들에게 거리 홍보를 경험해볼 것을 권한다. 거리에서 전단지를 돌리며 고객들을 만나보면 말에 대한 감을 조금은 잡을 수 있다. 판촉물에 큼지막하게 적혀 있는 문구를 앵무새처럼 반복해봐야 100명에 한두 명 반응을 보일 뿐이다. 사람들이 흥미를 보일 만한 문구를 개발하고, 때로는 지나가는 사람의 외향에 적절한 맞춤형 멘트를 구사할 수 있어야 관심을 끌 수 있다.

당신은 지인들과의 대화에서 "너 말 잘했다!"라는 반응을 자주 듣는 편인가? 보통 이 말은 언제 나올까? 당신의 이야기가 감탄이 나올 정도로 논리정연하고 감동적일 때? 아닐 것이다. 상대가 내 이야기를 받아 자신의 이야기를 적극적으로 펼쳐가는 경우에 이런 반응이 나올 것이다. 말을 잘한다는 것은 그 말이 상대의 가슴에 와닿아 상대가 자신의 이야기를 술술 풀어갈 정도로 공감을 불러일으켰다는 뜻이다.

말을 잘하는 사람은 어떤 경우에도 대화하듯이 말할 수 있어야 한다. 대화할 때는 매너 있고 센스가 넘쳐야 한다. 의사소통은 단순히 정보와 지식을 전달하는 것에 머무르지 않는다. 대화할 때 나오는 매너와 센스는 그 사람의 이미지를 결정짓는 중요한 요소이기도 하다. 중국 당나라 때에는 관리를 등용하는 시험에서 인물 평가의 기준을

'신언서판身言書判'으로 규정했다. 몸가짐과 말씨, 글씨와 판단력이 좋아야 관리가 될 수 있었다. 여기에서 말씨는 매너, 어투, 대화 방법 등을 총체적으로 일컫는다. 그 사람이 어떤 단어를 구사하고 어떤 방식으로 말하느냐, 그리고 어떻게 반론을 펴고 자신과 다른 의견을 어떻게 잘 조화시켜 결론을 이끌어내느냐가 곧 그 사람의 인격과 지식의 정도, 사람됨됨이라고 생각했다.

'분'들의 대화 태도

대화는 '놈'보다는 '분'이 잘한다. 이제부터는 '분'들의 대화법을 살펴보기로 하자.

1. 지나친 겸손은 오만이다

우리는 어려서부터 겸손하라고 배워왔다. 그러나 겸손이 무조건 좋은 것은 아니다. 대화는 쌍방향으로 진행된다. 상대의 입장에서 대화하라는 것은 상대의 의견을 존중하라는 뜻이지 무조건 수용하라는 의미는 아니다. 자신의 관점 없이 상대의 관점에서만 이야기를 한다거나, 상대의 제안에 대한 무비판적인 수락, 혹은 지나친 겸양으로 일관할 경우 상대에게 오히려 관심이 없거나 무성의한 태도로 비치기 쉽다. 겸양이 아니라 오만하게 보일 수 있다는 것이다.

상대로부터 칭찬을 들을 때에도 마찬가지다. 칭찬을 들으면 감사를 표하고 받아들이면 그만이다. 괜히 자신을 지나치게 깎아내리며 겸손을 표하면 상대의 칭찬을 거부하는 모양새가 된다. 요즘은 개성을 솔직하게 드러내는 것이 미덕인 시대다. 다른 사람이 당신의 특징, 개성, 장점에 대해 칭찬해주면 기쁘게 받아들이도록 하자.

성격이 소심하거나 가치관이 분명하지 않은 사람, 눈치를 많이 보는 사람은 일단 겸손한 태도를 유지하면서 상대의 말에 고개만 끄덕이곤 한다. 적당한 겸손은 좋은 이미지를 만들어주지만 지나치게 겸손을 의식해 자신을 몰개성적인, 혹은 색깔 없는 사람으로 만들 필요는 없다. 고백하건대 PI 컨설팅이나 코칭 시 내 스타일이 바로 몰개성적인 무채색 같다. 나 자신의 색보다는 고객의 색이 더 튀어야 하며 그래야 고객의 색을 찾아줄 수 있다고 생각하기 때문이다. 물론 꼭 필요한 순간에는 나의 색을 보이곤 하는데 가끔 놀라 어색해하는 고객도 있다. 배려를 추구하는 이미지 전략가로서의 약점이자 강점이다. 대화할 때는 상황에 따라서 적당하게 나의 입장과 상대의 입장을 버무려가는 게 좋다. 자신의 장점을 깎아내리거나 자랑하지 않으면서, 상대의 의견과 자신의 의견을 적절하게 조화시키는 겸손함이야말로 진정 이 시대에 필요한 미덕이라고 할 수 있겠다.

2. 말하기보다 더 중요한 것은 듣기다

흔히 사람들은 대화에서 중요한 것이 말하기라고 생각한다. 그래서 말하기 방법을 배우려고 노력한다. 그러나 대화에서 가장 중요한 것은 듣기다. 듣기가 뭐가 어려울까 싶지만 나이가 들고 지위가 올라갈수록 잘 안 되는 것이 남의 말을 잘 들어주는 것이다. 80퍼센트 이상의 어른들이 처음 몇 마디를 듣자마자 결론을 넘겨짚는다고 한다. 나이가 들수록 다른 사람의 말을 듣지 않는 경향이 있는 것 같다. 따라서 가급적 젊은 나이에 남의 말을 잘 듣는 습관을 가져야 한다. 그렇다고 억지로 듣는 것은 그다지 권하고 싶지 않다. 듣기를 통해 실제로 얻어내는 게 있어야 진짜 습관이 된다.

상대가 말할 때 진심으로 귀를 기울이면 상대는 더욱 마음을 열고 다가오게 마련이다. 내가 말하고 있는데 상대가 딴청을 피우거나 다른 생각을 하는 게 뻔히 보인다면 더 이상 대화를 하기가 싫어진다. 나 역시 마음의 문을 닫아버리고 상대의 말에도 귀를 기울이지 않게 된다.

또한 듣기는 상대의 말을 정확하게 파악해 다양한 정보를 입수할 수 있는 계기가 된다. 말이라는 것이 '아' 다르고 '어' 다른 것이기에 같은 말이라도 상대가 어떤 맥락에서, 어떤 의도에서 하는지에 따라서 그 의미가 전혀 다르게 전달될 수 있다. 이 때문에 상대의 말을 충분히 듣지 않은 상태에서 자신의 의견을 섣불리 표명했다가는 서로 원하는 합일점에 도달하지 못할 공산이 커진다.

이렇게 보면 듣기는 상대를 위한 것이 아니라 나 자신의 말하기를 위한 바탕이며, 좀 더 강력한 설득력을 갖기 위한 전제조건이 되는 셈이다.

3. 솔직함은 큰 힘을 가지고 있다

대화할 때 솔직하다는 것은 큰 힘을 발휘한다. 자신의 말을 자꾸만 포장하려 들면 필요 없는 미사여구와 수식어를 계속 동원하게 된다. 이렇게 되면 정작 알맹이는 빠지고 의미 없는 말과 내용 없는 대화만이 남는다.

솔직담백한 말은 때로 상대의 마음을 감동시킨다. 그래서 많은 사람들이 현란한 장문長文의 글보다는 짧은 격언에서 더 큰 지혜를 얻기도 하는 것이다. 격언은 단 한 줄의 문장에 불과하지만 솔직함 때문에 많은 사람에게 공감을 얻는다.

솔직함이 주는 또 하나의 효과는 감정적인 교감을 가능하게 한다는 점이다. 따지고 보면 사람들은 저마다 사는 곳과 지위, 경제력이 다르지만 본능적인 감정과 심리는 비슷할 것이다. 솔직담백한 대화는 이러한 본능적인 감정과 심리를 자극해 진심 어린 공감을 이끌어낸다. 솔직한 사람은 상대에게 자신과 비슷한 생각, 비슷한 감정을 가진 사람으로 느끼게 해 더욱 친밀감을 준다.

그리고 말을 꺼내기 힘든 주제일수록 솔직함이 도움이 된다. 예를 들어 동업을 하는 경우, 수익 배분에 대해 말을 꺼내기가 쉽지 않다. 이럴 때 툭 터놓는 솔직함을 발휘한다면 상대도 마음을 열어 대화가 한결 편하게 진행될 수 있다.

민감한 주제일수록 멀리 돌아가려고 하면 말이 더 꼬이고 상황이 복잡하게 전개될 수 있다. '단순한 것이 아름답다'라는 말도 있듯이 직설적이고 솔직한 말이 생각보다 큰 효과를 가져온다는 사실을 기억하자.

4. 자신이 지루한 대화를 하고 있지 않은지 돌아보라

사람은 유희적이다. 소소한 대화에서도 재미를 추구하게 된다. 말하기를 좋아하는데 대화를 지루하게 끌고 가는 사람이 간혹 등장하는데, 듣는 사람은 괴롭기 짝이 없다. 지루한 대화는 상대에 대한 배려 부족과 주변머리가 없음을 노골적으로 드러내기 때문에 보기 좋지 않은 모습이다.

말이 말을 부른다고 말을 길게 하다 보면 스스로 자신의 말에 취하기도 한다. 이야기가 계속 옆으로 새다가 말의 미로 속을 헤매는 화법은 모두를 지루하게 만든다. 그런데 정작 미로에 빠진 당사자는 자신의 이야기가 얼마나 지루한지 잘 깨닫지 못한다. 상대의 표정과 반응만 잘 살펴도 이 함정에서 빠져나올 수 있을 것이다.

높은 자리로 올라갈수록 말이 많아지는 것을 경계해야 한다.
경험이 쌓이면 후배나 아랫사람에게 해주고 싶은 말이 많아지는 게 인지상정이지만, 사실 몇 마디 말로 그들을 바꾸려는 생각 자체가 무리다. 말로 사람을 바꾸고 감동시키려는 노력이 때로는 얼마나 소용 없는 일인지 우리는 잘 알고 있다. 학창시절 교장 선생님의 훈화 시간을 떠올려보자. 땡볕 아래 운동장에 정렬한 학생들과 끝도 없이 늘어지는 교장 선생님의 연설. 학생들은 교훈을 얻기는커녕 언제 끝나나 하고 몸을 배배 꼬지 않았던가. 학생들의 눈높이에서 대화를 풀어갈 의지가 없고, 길게 이야기한다고 해서 아무도 교장 선생님을 말릴 수 없는 상황이기에 벌어지는 일이다. 우리도 나이가 들면서 그런 모습을 닮아가는 것은 아닌지 늘 돌아보고 경계해야 한다.

5. 상대를 긍정적으로 생각하라

긍정적인 마인드를 갖자. 상대에게 좋은 말만 하라는 뜻이 아니다. 자신의 가치관과 크게 어긋나거나 사회 통념에서 벗어나는 내용이 아니라면 그 사람의 입장과 말을 좋게 받아들이라는 뜻이다.
대화에 실패하는 사람들의 특징은 상대의 말을 끊거나 부정하면서 마치 심판관처럼 군다는 것이다. 그들이 악의를 가지고 그런 말을 하는 것은 아니다. 좀 더 다른 시각을 드러내고 싶어서, 또는 상대가 미처 알지 못하는 사실을 지적하기 위해서지만 듣는 사람은 그리 유쾌하지 않다.

이런 사람이 한 명만 있으면 아무리 좋은 분위기도 오래 가지 못하고 대화가 뚝뚝 끊어진다.

상대를 긍정하는 태도는 대화 분위기를 전반적으로 결정한다. 긍정적인 입장에서 생각하지 않으면 상대의 태도, 말, 제안, 부탁이나 거절을 하나하나 꼬투리를 잡게 된다. 상대를 부정적으로 생각하면 긍정적인 말을 할 수가 없다. 부정적인 생각에서 부정적인 말이 나오고, 그 결과 부정적인 반응이 돌아온다. 악순환이다. "가는 말이 고와야 오는 말이 곱다"는 간단명료한 진실을 기억하자.

디테일한 대화에서 '본'이 되자

지금부터는 대화의 기술을 좀 더 세세하게 점검해보겠다.

1. 리듬 있는 대화 하기

스포츠 경기에 비유하자면 대화는 탁구 경기와 같다. 서로 주거니 받거니 하는 게임이다. 한쪽이 너무 세거나 한쪽이 너무 약하면 경기가 재미없어진다. 대화도 밀고 당기는 재미가 없으면 오래 가지 못하고 공허함만이 남을 뿐이다.

대화에는 리듬이 있어야 한다. 대화를 이끌어가는 전반적인 분위기에 리듬 있어야 한다는 뜻이다. 무겁고 진지한 주제를 이야기하다가 순간 위트 있는 결론을 끌어내거나, 즐겁고 신나는 이야기를 하면서도 나름대로 의미 있는 말을 주고받는 것이 대화의 리듬이다.

대화는 끊임없는 말의 성찬이기도 하다. 식사를 상상해보자. 계속 고기반찬만 먹을 수도 없고, 매일 야채만 먹을 수도 없다. 고기와 야채,

국과 찌개가 골고루 있어야 맛있는 밥상이 되듯이 대화도 마찬가지다. 다양한 주제와 양념을 더하면서 맛있는 대화를 이끌어내는 것이 관건이다.

이렇게 대화에 리듬을 주려면 일단 화제가 풍부해야 한다. 이야기와 이야기의 연관성과 차이점을 적절하게 오가며 연관성이 있는 부분을 끌어내고 때로는 주제와 관련이 없는 듯이 보이는 이야기를 논하는 식이다. 독서를 비롯해 우리 생활 주변에서 일어나는 일에 대한 관심이 화제를 풍부하게 해줄 것이다. 특히 책에서 얻는 지식은 대화의 깊이를 더해준다. 말을 잘하는 사람들은 풍성한 대화를 위해 끊임없이 노력하고 사유한다. 내가 알고 지내는 몇몇 방송인도 그러하다. 방송인들의 화려한 말솜씨와 재치는 타고나는 게 아니라 평상시에 끊임없이 노력하여 얻은 결실인 경우가 많다.

참고로 '핫뉴스'에 대해서는 알고 있는 것이 좋다. 스마트폰의 언론사앱에서 주요 뉴스를 알려줄 수 있도록 팝업 처리를 해놓으면 실시간 뉴스를 잊지않고 챙길 수 있다. 따끈한 화제를 풍부히 준비하여 대화에 리듬을 실어라.

2. '추임새'는 대화의 윤활유다

대화는 서로 생각을 주고받는 즐거운 행위다. 우리는 대화를 통해 새로운 정보를 얻고 그 정보에 대한 생각을 주고받으면서 자기정체성을 확인하고 타인과 교감을 나눈다. 추임새가 있으면 대화는 더욱 즐거워진다. 추임새는 상대의 말에 대한 반응이면서 동시에 더욱 띄워주는 역할을 한다. 판소리꾼이 창을 부를 때 고수가 '좋지', '얼씨구' 하고 추임새를 넣어주면 더 흥이 나는 것과 마찬가지다. 고개를 끄덕이거나 수긍을 하는 눈빛, '맞아', 혹은 '그렇지', '내 생각하고 똑같네' 등등의 말은 대화를 부드럽게 해주는 윤활유다.
추임새가 중요한 또 다른 이유는 '내가 당신의 말에 귀를 기울이고 있다'는 것을 보여주기 때문이다. 상대가 내 말에 관심을 기울여주지 않으면 더 말할 기분이 안 나고 결국 대화가 시들해진다. 추임새는 말하는 사람에 대한 관심의 표명이고, 잘 듣고 있으니 계속해서 말하라는 적극적인 참여 행위가 된다.

하지만 주의할 점이 있다. 추임새는 그저 추임새일 뿐이다. 대화의 흥을 북돋는 데 그쳐야지 이야기를 방해할 정도가 되어서는 안 된다. 추임새를 지나치게 많이 넣다 보면 상대가 말하려는 바를 잊거나 옆길로 새기도 한다. 따라서 추임새는 상대의 주의를 흐트러뜨리지 않는 범위에서 적당히 해야 한다.

추임새가 효력을 발휘하려면 적절하게 사용해야 한다는 것을 잊지 말자. 예를 들어 화자가 말을 하면서도 확신하지 못할 때 청자의 동의는 대화에 활력을 불어넣는다. 반대로 화자가 확신을 가지고 말하는 경우에도 추임새가 들어가면 좋다. 상대의 감정에 함께 몰입해주는 것도 추임새의 일종이다. 상대가 너무 황당한 일을 당해 말문이 막혀 있을 때 같은 감정을 느끼고 있음을 표현하면 큰 위로가 된다.

3. 반론을 펼 때에는 말조심을 해야 한다

대화를 하다 보면 서로 의견이 다른 경우가 있다. 민주주의 사회에서 의견이 다르다는 것은 건강의 신호다. 사람마다 입장과 생각이 다르기에 만장일치는 있을 수 없다. 나와 생각이 다른 사람을 만나면 당연히 기분이 유쾌하지는 않겠지만 일단 받아들이도록 노력하자.

자연스러운 현상이다.
상대가 나와 의견이 다르다면 가급적 불필요한 논쟁을 삼가자. 아무리 얘기해봐야 결론이 나지 않을 게 뻔한데도 절대 물러서지 않고 계속 논쟁하는 사람들이 있다. 서로 기운만 빼고 나쁜 감정만 남기는 일이니 굳이 매달릴 필요가 없다.

물론 회의 등 공적인 이야기를 하는 자리라면 반론을 펴거나 반대 의사를 명확하게 할 필요가 있다. 이때 상대를 부정하는 듯한 인상을 주어서는 안 된다. 반대 의견을 낸다며 '그의 말은 받아들일 수 없다'라거나 '그의 말은 틀렸다'는 뉘앙스를 풍기지 말아야 한다. 상대의 의견을 인격과 동일시하여 부정하는 경우 감정적인 사람이라는 인상을 줄 뿐이다. 특히 자신과 다른 주장을 펼치는 사람의 실명을 거론하지 않도록 하자.

상대의 의견에 반론을 펼 때 극단적인 상황이 되는 것을 막아주는 안전장치는 상대의 말을 일부 긍정하는 것이다. '그 말도 일리가 있지만', '긍정적인 부분이 있지만', '맞는 말이기는 한데'라는 식으로 좀 더 부드럽게 의견을 개진하면 더 신뢰를 얻을 수 있고 상대의 기분도 덜 상하게 한다.

4. 형식적인 인사와 겉치레 안부는 성의가 없어 보인다

중장년에 접어든 사람들이 습관처럼 건네는 인사말이 있다. '식사는 하셨습니까?'라는 말이다. 상대의 식사를 걱정하는 일이 자연스러운 안부 인사였던 시대가 있었다. 그러나 지금은 끼니를 걱정하는 사람은 거의 없을 것이다. 그렇다 보니 사람들의 관심사도 기본적인 의식주보다 넓게 확장되어 있다. 식사에 관한 질문을 인사말로 건네는 것은 좋은 선택이 아니다.

인사말 하나에도 신경을 쓰는 세심한 매너가 필요하다.
상대의 상황에 맞춰 인사말을 건넬 때 진심을 전달할 수 있다. 그렇지 않고 형식적인 말로만 일관하면 무관심한 사람, 겉치레를 좋아하는 사람이라는 인상을 준다.

최근 상대가 겪은 경사에 대한 축하, 혹은 좋지 않은 일에 대한 걱정 등 상황에 맞춘 인사말을 하자. 그러려면 타인과 대화를 하기 전에 그 사람에 대해 충분히 생각하는 시간을 가져야 한다. 그 사람에게 맞는 대화 내용을 생각해보는 성의는 큰 효과를 발휘한다. 도움이 필요한 후배에게는 힘과 용기를 주는 말과 함께 어떻게 그 친구를 도와줄 수 있는지를 미리 고민해보고, 일상생활이 지겨운 선배 직장인에게는 생활에 활력을 불어넣어줄 재미있는 이야깃거리를 마련해가는 식이다.

5. 칭찬과 사과, 확실하고 크게 말하라

우리나라 사람들은 칭찬을 하거나 사과하는 일에 익숙하지 않다.
다른 사람의 덕목 또는 잘잘못을 따지기보다는 무던히 넘기는 게 미덕이었다. 하지만 지금은 다르다. 솔직한 표현과 확실한 의사소통이 필요하다. 서구인들은 상대의 장점을 과하다 싶을 정도로 칭찬하고 그를 주인공으로 만들어주려는 의식이 있다. 이런 마인드는 의사소통에서 긍정적인 요인이 된다.
사과도 마찬가지다. 우리는 사과를 굴욕적인 일로 여긴다. 그래서 정말 심각한 잘못이 아니면 정식으로 사과하는 경우가 드물다. 그러나 작은 잘못에도 기꺼이 사과할 줄 아는 사람이 소탈하게 소통할 수 있다.
사람들과의 관계를 돌이켜보면 사과만큼이나 솔직하고 진실한 것은 없다.
반대로 자신의 잘못을 어물쩍 넘기는 것보다 비굴한 것도 없다. 잘못을 인정하고 상대에게 고개를 숙이는 태도가 진정한 용기이자 타인의 마음을 얻는 길이다. 사과를 할 때는 큰 소리로 솔직하게 하는 것이 좋다.

사과에도 방법이 있다. '내가 잘못했지만, 너도 잘못한 점이 있다'는 식의 사과는 잘못된 사과다. 객관적인 상황이야 어떻든 간에 이러한 양비론은 진정한 사과의 의미를 퇴색시킨다. 설사 상대도 잘못이 있다고 하더라도 사과를 할 때만큼은 완전히 자신을 내려놓고 사과를 하자. 이렇게 하면 상대 역시 자신의 잘못을 솔직하게 시인하는 경우가 많다.

6. 거절과 부탁의 스킬, 구체적이고 확실하게

다른 사람의 부탁을 거절하는 것은 쉽지 않다. 하지만 제대로 거절하지 못하면 더 큰 어려움을 초래할 수 있다. 영업의 베테랑, 직장생활의 고수들은 에둘러 표현하는 거절을 바로 알아듣는다. 꼭 싫다고 표현하지 않아도 분위기를 보면 '예스'인지 '노'인지 금방 눈치챈다.

그런데 이렇게 에둘러 거절하면 상대에게 정확하게 의사가 전달되지 못하는 경우가 많다. 상사나 동료의 애매모호한 표현 때문에 어떻게 해야 할지 몰라 헤매는 상황이 벌어질 수밖에 없다. "좀 더 생각해봅시다"라는 말이 정말 생각해보겠다는 건지, 거절의 의사를 완곡하게 표현하는 건지, 지금은 상황이 곤란하니 나중에 다시 말해달라는 뜻인지 알 수가 없다. 차라리 확실하게 말해주었다면 빨리 포기하고 다른 방법을 찾을 텐데 말이다.

거절할 때는 당신의 능력 밖의 일이라는 식으로 자신의 한계를 솔직하게 털어놓는 방법이 좋다. 또는 당신이 속한 조직의 환경과 맞지 않다는 점을 설득할 수도 있다. 거절 의사는 대화 시작 부분에서 밝히는 것이 좋다. 그래도 상대가 쉽게 납득하지 못한다면 부연 설명을 덧붙이자. 말을 꺼내기 어려워 애매모호한 태도로 길게 이야기하다 끝에 가서 거절하면 서로에게 시간 낭비일 뿐이다.

부탁도 마찬가지다. 상대에게 부담을 주지 않는 선에서 어떤 도움을 원하는지 구체적으로 부탁해야 한다. 당장 무엇을 어떻게 해달라는 것인지 명확히 이해할 수 있게 설명하고, 어느 정도까지만 도와주면 더 이상 어려운 일은 없다는 점을 알려야 상대가 안심을 하고 제안을 받아들일 가능성이 높다.

사실 많은 사람들이 이런 내용을 몰라서 못하는 게 아니다. 앞에 있는 사람에게 부탁 또는 거절 의사를 정확히 전달하기가 어려워 제대로 설명하지 못하는 경우가 대부분이다. 인간적으로 마음이 흔들리는 것은 당연하지만 의사를 정확히 표현해야 결과적으로 서로에게 좋다. 자존심에 상처를 주지 않으면서 확실하게 이야기하라. 그동안 수많은 거절을 당해본 나의 경험에서 하는 조언이다.

7. 나이가 적다고 함부로 반말을 하지 마라

아마 우리나라처럼 나이가 많다는 이유로 손아랫사람을 하대해도 되는 나라도 드물 것이다. 나이에 대한 권위의식은 예전보다 좋아졌지만 여전히 나이 어린 사람에게 반말을 하는 사람들이 있다. 물론 강산이 몇 번 바뀔 정도의 나이 차이라면 말을 놓는 것이 자연스러울 수도 있다. 그렇다 해도 초면이라면 반말은 삼가야 한다. 하물며 나이 차이가 얼마 나지도 않는데 형, 오빠, 누나, 언니로 군림하려고 한다면 곤란하다. 함부로 반말을 쓰는 문화는 개인의 성향보다는 그 사람이 속한 조직의 영향을 많이 받는다. 후배에게 반말하는 게 당연한 분위기에서 나만 존댓말을 쓰는 것도 이상한 일이다. 그러나 어떤 경우에도 아랫사람을 하대하는 문화는 바람직하지 않다. 특히 비즈니스 세계에서는 나이보다는 경력과 능력이 더 우선시된다. 만약 당신이 반말 문화를 가진 조직에서 일하고 있다면 높은 직위로 올라갈수록 그러한 분위기를 고치도록 노력해야 한다.

아랫사람이 먼저 "말씀을 낮추세요"라고 할 때까지는 존댓말을 써주어야 하는 것은 물론이고 편한 사이가 되었더라도 이름을 부를 때만큼은 '씨氏'를 붙여주는 것이 매너다. 특히 공식석상에서는 친한 사이라고 해도 존칭과 존댓말로 대화의 품격과 예의를 갖추는 게 불필요한 오해를 사거나 위화감을 주지 않는다.

8. 전문 용어나 외래어의 남발은 피한다

사회가 세분화되고 전문성이 중요시되면서 전문 용어도 많이 사용되는 편이다. 같은 업계의 사람끼리는 전문 용어를 사용해도 상관없지만 그렇지 않은 사람들이 함께 있는 자리라면 가급적 피해야 한다.
자신들만의 전문 용어는 상대를 대화에서 배제하는 느낌을 주고, 대화에 몰입하는 것을 방해하여 결국 전반적인 분위기를 해친다.
외래어를 너무 많이 사용하는 것도 주의해야 한다. 외래어로 해야 그 의미를 제대로 살린다면 어쩔 수 없지만 습관적인 남발은 부정적인 이미지를 심어준다. 심지어 조사와 술어를 제외하고는 거의 다 영어인 경우도 있다. 지적 허영심 때문이 아니라 외국에서 오래 살다 와서 입에 붙은 것이라고 할지라도 비호감을 살 수 있기에 가능한 한 빨리 그런 습관을 고치도록 하자.

한 가지 덧붙이면, 일반적인 대화 자리에서 영어를 섞어 말할 때는 혀를 풀고 발음할 것을 권한다. 영어 단어를 정확하게 발음하는 게 나쁜 일은 아니지만 우리나라에서는 그런 식으로 발음하면 잘 알아듣지도 못하거니와 영어 실력을 과시하는 것으로 보일 수 있다. 다양한 사람을 만날수록 일반적인 수준에서 무난한 표준어를 구사하는 게 가장 무리가 없다는 점을 명심하자.

9. 대화는 온몸으로 하는 커뮤니케이션이다

대화는 말로만 하는 것이 아니다. 말은 구체적이고 자세한 정보를 묘사하는 하나의 수단일 뿐, 진정한 커뮤니케이션은 온몸으로 한다고 해도 과언이 아니다. 눈빛과 얼굴 표정, 제스처가 모두 포함된다. 진지한 눈빛과 열정적인 표정, 다양한 제스처는 말 이상으로 상대의 집중과 몰입을 극대화하고 자신이 말하고자 하는 바를 강력하게 전달해준다.

교회 목사들이 설교하는 장면을 보라. 설교에 능한 목사일수록 가만히 서서 입만 움직이지 않는다. 신도들을 강렬하게 쏘아보기도 하고 하늘을 쳐다보는가 하면 갖가지 감정을 담은 눈빛을 보낸다. 제스처도 역동적이다. 연단을 내리치거나 커다란 원을 그리거나 두 손을 모아 기도를 하는 등 손을 가만히 두지 않는다.

많은 사람들이 손동작 하나 사용하지 않고 대화를 주문 외듯 한다. 너무 지나쳐도 안 되겠지만 적절하게 사용하면 효과적이다. 처음에는 익숙하지 않겠지만 간단한 제스처부터 사용하면서 몸에 익혀나가자. 필요에 따라 대화는 온몸으로 상대를 설득하고 감동을 주는 열정적인 설교가 되어야 한다.

온몸으로 하는 커뮤니케이션이 어렵다면 다른 사람을 관찰하는 것부터 시작하자. 타인이 어떤 방식으로 의사소통을 하는지, 어떤 방식이 매력적으로 느껴지는지, 혹은 비호감을 주는지를 면밀하게 분석해보면서 자신의 스타일을 만들어보라.

Point

- 말을 잘하는 사람은 상대를 배려하는 화법을 구사하는 사람이다.
- 자기 말에 자기가 취해 상대를 잊으면 안 된다. 대화란 서로 주고받는 것이다.
- 대화에 임하는 태도를 먼저 살핀 후 세부적인 대화의 기술을 다듬어라.
- 대화를 잘 이끌어가는 사람을 관찰하고 배워라. 말하는 내용뿐만 아니라 전반적인 커뮤니케이션 방식을 보라.

4 학력이 아쉬운 그대

SKY 나오지 못해 미안하다

우리나라 사람들이 가장 심각한 차별로 생각하는 것이 '학력 및 학벌 차별'이라는 연구 결과가 있다. 2004년에는 장애인 차별이 가장 심각하다고 응답한 사람(27.6퍼센트)이 많았는데, 2011년에는 학력이나 학벌 차별(29.6퍼센트)과 동성애자(16퍼센트)에 대한 차별이 심각하다고 응답했다.

왜 이렇게 학벌에 집착하는 것일까? 오바마 미국 대통령은 "한국 학생들은 비디오 게임이나 TV를 보는 데 시간 낭비하지 않고 수학, 과학, 외국어 공부를 하며 경쟁력을 키우는 데 노력한다"고 언급해 화제가 된 적이 있다. 오바마 대통령은 칭찬으로 한 말이었겠지만 정작 한국인들은 씁쓸한 마음이 들 수밖에 없었다. 성적을 비관해 자살하는 청소년이 해마다 늘어나고, 일류대학에 진학한 학생조차도 성적 스트레스를 이기지 못하고 스스로 목숨을 끊는 일이 많기 때문이다.

씁쓸함은 입시에서 끝나지 않는다. 〈행복은 성적순이 아니잖아요〉라는 영화 제목이 틀렸던 것일까? 20대 청년들에게 행복도를 묻는 설문

조사를 실시한 결과 학력과 학벌이 높을수록 행복한 사람이 많았다. 대학을 졸업한 사람 중 상위 30위권 대학 졸업자에서 행복하다고 답한 청년이 71.9퍼센트였는데, 전체 4년제 졸업자 중 행복하다고 답한 청년은 65.9퍼센트로 나타나 학벌이 행복도에 큰 영향을 미친다는 것을 보여주었다. 좋은 대학을 나온 사람이 더 많은 기회를 얻고 좀 더 쉽게 꿈을 실현하고 있는 것으로 보인다.

현실이 이러하니 학부모와 청소년이 성적에 매달릴 수밖에 없다는 생각이 들기도 한다. 입시 스트레스에 시달리던 청소년이 자살했다는 기사가 나오면 "입시가 전부가 아닌데 왜 자살했냐"라며 비난하는 댓글이 달리기도 한다. 고등교육의 현장은 온통 입시에 관한 이야기로 도배되어 있다. 그 때문에 학생들이 느끼는 중압감을 우리도 겪어봐서 아는데도 금방 잊어버린다. 그리고 우리는 살아남았다는 이유로 청소년의 안타까운 선택을 무심히 말하곤 한다.

나 또한 입시 스트레스로 자살까지 생각해본 여느 청소년과 같은 시절을 보냈다. 더구나 학벌에 대한 열등감으로 '세상에 대한 당당함'까지 잃어보았던 경험이 있기에 이 상황이 낯설지만은 않다.

청소년 시절 승무원이 되고 싶어했던 나는 항공사 입사가 거의 보장된 항공운항과에 당당히 장학생으로 입학했고, 취업이 될 때까지만 해도 운 좋은 사람이라는 생각을 했다. 드디어 원하는 회사에 취업하여 신입 훈련을 받는데 명문이라고 하는 S대 출신 교관이 우리 기수가 항공운항과 출신이라는 이유로 상당히 마음 아프게 했던 기억이 난다. 생각해보면 꿈을 향한 목표와 의지로 그 자리에 당당히 서 있는 우리에게 그녀의 무례한 태도는 그저 '갑질'이었고, 학력과 출신을 따지며 상대를 우습게 본 그녀는 결국 못난 '쎈 놈'이었을 뿐이다. 물론 나도 상처받아

억울해하던 그저 그런 바보 같은 '약한 놈'이었다. 20대 시절 나는 못난, 어쩌면 용기 있는 자존심을 내세웠고, 결국에는 그 잘난 학벌을 따보겠노라고 회사에 사표를 던졌다. 내 열등감을 깰 수 있는 방법이 그 길밖에 없는 줄 알았다.

나의 꿈이었던 승무원이라는 직업을 자존심 하나 때문에 과감히 접고 수많은 과정을 거쳐 드디어 원하는 졸업장을 손에 쥐었을 때 밀려드는 허무함, 세상이 나를 다르게 볼 것이라 생각했지만 안타깝게도 현실은 그렇지 않았다. 여러 가지 이유로 퇴사를 결정하고 사회로 나오니, 또 다른 사회가 있었던 것이다. 지금에 와서는 인생의 선후先後와 경중輕重을 몰랐던 것은 아닌지 반성도 해본다. 현재에 불만은 없다. 하지만 열등감 때문에 다니던 직장을 포기한 것이 옳았는지에 대해서는 명쾌한 답을 내리지 못하고 있다. 아무튼 불혹不惑을 넘긴 지금의 나라면 주변의 시선 때문에 내 인생을 바꾸려 하지는 않을 것이다.

송우석은 변호사다. 지독한 가난 때문에 상업고등학교를 졸업했고, 대학에 가지 못했다. 가족을 먹여 살려야 하기에 막노동을 하면서 사법고시를 준비해 마침내 합격을 했다. 하지만 송우석에게는 명문대라는 간판이 없었다. 판사 생활을 하던 그는 얼마 지나지 않아 고향 부산으로 내려간다. 돈도 없고 기댈 곳도 없는 가방끈 짧은 고졸 출신 판사가 학벌 중심 사회에서 성공하기는 어려웠기 때문이다. 변호사가 되었다고 해서 고졸이라는 한계를 뛰어넘을 수는 없었다. 그들 세계에서도 학벌은 중요한 인맥이었고 학연, 지연, 혈연으로 엮인 현실은 송우석을 배제했다. 결국 그가 추구할 수밖에 없는 것은 돈이었다. 그는 세무 전문 변호사로 보란 듯이 성공하여 대기업의 법률 자문 변호사로 스카우트 제의까지 받는다.

그러나 그의 학벌 콤플렉스는 없어진 것이 아니다. 고등학교 동창들과 가진 술자리에서 그는 울분을 토한다. 고졸 출신인 자신을 아무도 끼워주지 않는다고. 그는 학벌이라는 콤플렉스를 극복하기 위해 돈으로 출세할 수밖에 없었다. 대학생들이 데모하는 모습이 뉴스에 나올 때면 "공부하기 싫으니까 지랄한다"고 욕하며, 데모를 학생들의 쓸데없는 객기나 배부른 자들의 사치로 치부하며 못난 열등감을 드러낸다.

– 영화 〈변호인〉 줄거리

〈변호인〉은 권력 앞에서 양심을 지킨 법조인의 이야기를 다루었다는 점에서 화제를 모았던 영화다. 이 영화를 학력주의, 학벌주의의 시선으로 바라보면 또 다른 시사점을 발견할 수 있다.

한국 사회에서 판사나 검사, 변호사는 엘리트이자 고위직으로 생각한다. 부모들은 자식이 열심히 공부해서 판사나 검사가 되기를 바란다. 그러나 송우석은 판사까지 되었음에도 불구하고 학벌에 대한 열등감에서 벗어나지 못한다. 송우석은 고졸이라는 핸디캡을 가지고 있었지만, 고졸이 아니라 보통 수준의 대학을 나왔다 한들 열등감 없는 법조인이 되었을까? 서울대 법대 출신이라면 열등감이 없을까? 나보다 더 성적이 좋고, 집안도 좋고, 인맥이 화려한 누군가와 비교하며 열등감을 느끼지 않을까? 높은 자리를 갈망하는 사람일수록 열등감도 그만큼 크다.

결국 학력·학벌 사회는 모두에게 상처를 줄 뿐, 승자가 없는 게임이다. 승자가 있다면 막대한 수익을 챙기는 몇몇 명문대와 그곳으로의 진입을 돕는 입시학원이 아닐까. 학력·학벌 사회에서 많은 사람들이 흔히 택하는 방법, 더 높은 학력을 취득해 '쎈 분'이 되고자 하는 노력은 결코 근본적인 해답이 아니라는 것을 나는 경험을 통해 깨달았다.

학력, 의식하지 마라

대인관계를 맺을 때 주의할 점이 있다. 학력에 대한 언급이다. 학력에 대한 열등감을 가진 사람이 그만큼 많기 때문이다. 한국 사회에서 살아가는 대부분의 기성세대가 안고 있는 공통점이다. 학력이 높으면 높은 대로, 낮으면 낮은 대로 열등감이 있다. 때문에 학력에 대해 직접적으로 언급하지 않도록 해야 한다.

특히 20대 청년들은 상대를 평가하고 파악할 수 있는 요소가 많지 않다 보니 어느 학교 출신인지를 묻곤 한다. 자연스럽게 대화를 이어가려고 던진 질문이 상대의 열등감을 자극할 수 있으므로 조심해야 한다. 고졸 출신에 대한 편견이 있는 사회이므로 전공을 물어보는 것조차도 때로는 좋지 않은 결과를 불러올 수 있다.

도대체 학력이 뭐라고 금기어까지 되어야 할까 싶지만 현실을 들여다보면 고개를 끄덕이게 된다. 무슨 장관이니 사장이니 잘나간다 싶은 사람의 프로필을 보면 어김없이 명문대 출신이다. 명문대 출신이 아닌 경우는 오히려 화제가 된다. 좋은 대학을 나오지 않았는데 이렇게 성공했으니 대단하다는 식이다.

학력·학벌 사회가 가진 여러 가지 문제점을 점차 고쳐가야 하겠지만 당장 뒤집을 수 있는 것도 아니다. 가장 중요한 건 나 자신이 학력을 콤플렉스로 생각하지 않는 것이다. 이 콤플렉스가 극에 달하면 범죄로까지 이어진다.

학력 위조라는 말이 잊을 만하면 한 번씩 언론을 장식한다. 학력은 평생 따라 다니는 자신의 경력이다. 개인의 삶에 적지 않은 영향을 미치는 것도 사실이다. 그렇기에 자칫 실수를 하는 경우를 보기도 한다. 학력 위조로 물의를 일으켰던 신정아 씨를 검색해보면 유명인을 소개하는 인물 정보에 아직도 '전 대학교수'라고 되어 있다.

이 사건 이후 여러 유명 인사들의 학력 위조 문제가 잇달아 사회 표면 위로 드러났다. 그런데도 여전히 학력을 위조하면서까지 자신의 가치를 높이려는 사람들이 많다는 것은 정말 안타까운 일이다. 유명한 어떤 강사는 해외에 세미나를 다녀오고 나서 외국 대학을 졸업한 것으로 둔갑하고, 베스트셀러 작가인 모씨는 해외연수를 다녀오고 유명 대학을 졸업한 사람으로 대중들에게 자신을 부끄럼 없이 소개한다.

학력이나 학벌 때문에 불이익을 받는 일은 분명히 있다. 취업 전문 포털사이트 조사 결과에 따르면, 직장인 1520명 중 53.2퍼센트가 학벌 콤플렉스를 느낀다고 답했다. 직장인 절반이 학벌 콤플렉스를 가지고 있다는 것이다. 학벌이 인사고과에 영향을 미치고, 같은 일을 해도 더 낮은 평가를 받는 등의 불이익을 당하기에 많은 직장인들이 학력이나 학벌 때문에 서러움을 느끼는 상황이다. '얼마나' 많이 배웠느냐를 따지는 것이 아니라, '어디에서' 배웠느냐가 여전히 중요한 것이다. 또 우리나라 대기업 오너 경영인의 최대 학연은 경복고-고려대 경영학과, 전문 경영인은 경기고-서울대 경영학과라는 조사 결과도 있다. 우리 사회에 학벌과 학연이 엄연히 존재한다는 것을 보여준다.

나처럼 강의와 컨설팅을 하는 직업이라면 고객 앞에서의 당당함은 그 무엇보다 중요하다. 고객은 적어도 석사학위는 있어야 '컨설팅 좀 하겠구나' 하고 여긴다. 그리고 '어디에서'를 따진다. 국내보다는 외국을 선호한다. 고객이 그렇다. 우리 사회가 그렇다. 그만큼 많이 배워야 가능한 직업인 것은 사실이지만, 무엇으로 포장을 했는지도 중요하게 여긴다. 결국 내가 선택한 직업이 공부에 대한 자격증, 이른바 간판이 필요하다는 것을 알았다.

개인적으로는 중대한 선택이 필요한 시기였다. 20대 나의 열등감의 원천 때문에 시작된 '학력 메이킹'이 너무 싫었고, 그에 따른 선택과 결정에 대해 허무함을 느껴본 경험자이기 때문이다. 내가 하는 일과 연결하니 배움은 꼭 필요한 조건이라는 결론을 내렸다. 20대의 선택과 달라진 점이 있다면, 이번에는 열등감이 아니라 나의 커리어를 디자인하기 위해서였다. 아니 나에게 그런 주문을 걸었다.

나는 30대 후반에 박사가 되었다. 시작은 늦었지만 끝까지 완주해 나의 일에 필요한 자격증을 하나 가지게 되었다. 졸업식 때 나도 모르게 눈물이 쏟아졌다. 가정과 우리 회사 '예라고', 둘 다 지키느라 지치고 힘들었던 수많은 순간들이 떠올랐다. 학력과 관련해 내가 걸어온 길만이 정답은 아니다. 그러나 새롭게 도전하는 또 다른 나의 직업을 위해, 그 세계에서 살아남는 방법으로 내가 선택한 길이었다.

자신이 하고 싶은 일을 하기 위해 필요하다면 꾸준한 노력과 공부를 하는 것은 당연하다. 자신이 가고자 하는 방향에 학위가 필요조건이라면 무조건 준비해야 한다. 그러나 자신이 선택한 인생의 방향과 상관없는 괜찮은 스펙 하나 더 쌓는 것이라면 도전해서 얻는 결과가 상처일 가능성이 크다. 새로 만들어가기 위해 애쓰기보다는 자신의 일에 최선을 다하는 것이 백배 낫다. 물론 일을 하다 보니 학력이 꼭 필요하다는 생각이 들었다면, '그까이거' 도전하면 된다. 단, 그 학력이 어디에 어떤 도움이 되는지를 생각해야 한다. 당신은 지금 10대가 아니다. 투자한 자금과 시간 그리고 눈물 쏟는 노력만큼의 효과를 볼 수 있는지를 계산해봐야 한다. 그만큼 냉정하게 판단하라는 것이다.

사회생활을 하면 할수록 좋은 대학을 나온 것과 일하는 능력은 별개임을 알게 된다. 결국 고학력이라는 이점을 안고 시작하더라도 시간이 지날수록 어떻게 살아가느냐가 중요해진다. 사회 초년기에는 이 차이가 크게 느껴지지만 가면 갈수록 학력이라는 이점은 작아지고 그 사람이 어떤 능력을 발휘하는지가 관건이 된다.

능력이 비슷한데도 학력에 밀려 원하는 것을 얻지 못하는 상황을 언제든지 겪을 수 있다. 그러나 그런 차별이 시간이 지날수록 더 심해지지는 않을 거라고 말해주고 싶다. 당신만이 할 수 있는 업무가 늘어나고 경험이 쌓일수록 사람들은 당신의 학력에는 조금도 관심을 갖지 않게 될 것이다.

사회생활을 오래 할수록 학력보다 중요한 게 많다는 걸 알게 된다. 청년이라고 할지라도 꼭 필요하지 않은 자리에서 학력을 언급한다는 것은, 그가 가진 콘텐츠가 빈약하다는 증거다. 또 프로필에 굳이 학력을 집어넣어 부족한 실력을 포장하고 싶어하는 사람으로 보일 수 있다. 알맹이 없이 학력으로만 포장하는 것은 난센스다. 예를 들어 성공한 기업의 임원들을 보면 석사 이상인 경우는 드물다.

사실 이런 점을 깨닫기 위해 반드시 사회 경험이 필요한 것도 아니다. 최근 자신의 취업과 진로를 현실적으로 바라보는 청년일수록 학력에 연연해하지 않는 현상이 나타나고 있다. 부모 세대는 여전히 좋은 대학에 일단 가라는 식의 태도지만 젊은 세대가 훨씬 실용적으로 변해가고 있음을 이들은 안다. 학력과 학벌을 완전히 무시할 수는 없지만, 당신이 그렇게 집착하고 안타까워할 만한 이슈가 되기에는 예전만큼의 힘을 과시하지 못하고 있다.

최근 4년제 대학을 졸업한 청년 직장인 가운데 하위 20퍼센트는 고졸 직장인보다 임금이 낮은 것으로 나타났다. 고졸 평균 임금보다 더 낮은 임금을 받는 청년층 대졸자 비중도 1980년 3퍼센트 수준에서 2011년 23퍼센트까지 급증했다. 대졸자 다섯 명 가운데 한 명이 고졸자보다 더 낮은 임금을 받는 셈이다. 이런 현상은 점차 늘어날 것으로 예상된다. 아직도 갈 길은 멀지만 학력 격차에 따른 생활 형편의 차이가 줄어들었음을 보여주는 통계다.

학력에 맞는 이미지 전략

다른 것과 마찬가지로 자신의 학력을 어떻게 이용하는지는 당신에게 달린 문제다. 회사에서 가끔 '명문대 출신이 일은 더 못한다'는 이야기가 나온다. 명문대 출신이라서 딱히 일을 못했다기보다는, 명문대라는 간판이 기대치를 높였기 때문에 그런 반응이 나오는 게 아닐까 싶다. 사실 명문대를 나왔다고 해서 일을 더 잘한다는 근거는 없다. 그럼에도 명문대 출신이라고 하면 남다른 능력이 있을 것이라는 기대를 하게 된다. 그리고 거기에 부응하지 못했을 경우 더 큰 실망을 줄 수도 있다.

학력도 결국 이미지다. 연예인도 좋은 학교를 나왔다고 하면 한 번 더 보게 된다. 그런 열풍의 엉뚱한 희생자로 타블로 같은 음악인이 나오기도 한다. 대중들이 타블로의 천재성과 그의 음악성을 긍정적으로 평가했던 요인 중 하나가 미국 명문 대학을 나왔다는 사실이다. 학사 및 석사를 수석으로 졸업한 타블로는 경쟁자들과는 다른 특별한 이미지를 가지고 있었다. 하지만 그 때문에 근거 없는 학력 위조 의혹에 휘말리면서 타블로는 진실이 밝혀질 때까지 큰 어려움을 겪어야 했다.

이미지 활용은 자신에게 달려 있다. 예전에는 명문대, 고학력이 무조건 좋은 이미지를 주었지만 지금은 다르다. 명문대 출신이라고 하면 항상 유리할 것 같지만 경우에 따라서는 손해를 볼 수도 있다. 외모가 빼어난 배우는 다양한 역할을 소화하는 데 애로 사항이 있다. "사람들이 내 얼굴에만 주목해 속상하다"는 말은 배부른 소리일 수 있지만 그들에게는 진심이다. 연기력이 외모에 가려 안 보인다는 얘기가 나오는 이유다.

고졸이라고 무조건 이미지 싸움에서 불리할까? 낮은 학력에 대한 편견은 여전하지만 고졸은 고졸이라서 획득할 수 있는 긍정적인 이미지가 분명히 있다. 실제로 대학교 졸업장이 남발되고 있다는 지적이 나오는 요즘, 잘 준비된 고졸이 대졸보다 부족할 이유가 없다. '그래도 대학은 나와야지'라는 생각이 점차 깨지고 있다. 고졸만 뽑는 생산직에 대졸자가 학력을 낮추어 들어가는 현상이 생경하지 않다.

고졸로 성공한 사람의 스토리에 고졸 출신 ○○○ 같은 수식어가 붙는 까닭은 그런 사례가 드물기 때문이기도 하지만, 이때 붙는 고졸이라는 두 글자는 어려운 난관을 뚫고 성공한 사람의 의지에 보내는 찬사에 가깝다. 당신이 현재 학력이 낮다면 그에 따른 불이익이 분명히 있겠지만, 반대로 생각하면 좋지 않은 상황을 극복하여 반전 드라마를 쓸 기회도 있는 셈이다.

상업고등학교 출신인 노무현 전 대통령도 그런 인물이다. 애플의 최고경영자였던 스티브 잡스는 리드 대학을 중퇴했다. 그렇지만 그의 학력은 소신이 강하고 창의적이며 도전적인 사람이라는 이미지로 작용했다. 새로운 대중음악을 선물한 국민적 가수인 서태지는 공업고등학교를 다니다가 중퇴했다. 고등학교 졸업장이 없다고 해서 그의 실력을 인정하지 않는 사람은 없다. 우리는 서태지를 음악에 모든 것을 건 가수, 자기 색깔이 분명한 용기 있는 가수로 기억한다. 이렇듯 약점이 될 수 있는 학력이라고 해도 실력을 갖추면 브랜드 이미지를 더욱 긍정적으로 만들어주는 강점이 된다.

따라서 당신의 학력이 부족하다고 해서 학력을 숨기거나 포장하는 게 능사는 아니다. 당신의 학력이 사회에서 어떤 평가를 받을 수 있는지 객관적으로 따져본 후, 긍정적인 이미지를 정리해 그것을 당신의 장점으로 활용하면 된다. '쎈 분'으로 가는 나만의 웜홀wormhole을 만드는 작업이 될 것이다.

더불어 당신의 학력을 긍정적 이미지로 바꾸기 위해서는 당신 스스로가 학력과 학벌에 대한 편견에서 벗어나야 한다. 당당함이 필요하다. 학력이 낮으면 무능하다는 생각을 가진 사람은 자기 스스로도 학력의 높낮이에 따라 한계를 정의할 수밖에 없다. 그리고 나보다 학력이 높은 사람을 만나면 자신의 장점을 내세우기보다는 주눅이 들고 한수 접고 들어가게 된다. 기죽지 말자. 학력 얘기만 나오면 한없이 작아지는 것은 약한 '놈' 짓이다.

다른 장에서도 언급했지만 어떤 분야에 관한 편견으로 타인을 바라보면 그 사람의 진면목을 알기 어렵다. 타인을 제대로 바라볼 수 없다면 그만큼 '분'이 되기도 어려워진다. 타인의 장점을 발견하고 제대로 인정할 줄 모르는 사람은 정체된 사람이다. 학력보다 가치 있고, 학벌보다 실용적인 기술과 능력이 얼마나 많은가? 학력 차별을 없애자고 목소리를 높이기 전에 나부터 돌아보는 시간을 갖자.

Point

- 우리 사회가 학력과 학벌을 중시하는 사회라는 것을 부인할 수 없다. 그러나 무조건 높은 학력을 갖는 것만이 해답은 아니다.
- 자신이 하는 일에 학력이 꼭 필요한 게 아니라면 굳이 언급하지도, 의식하지도 마라.
- 학력에서 부정적 이미지를 생산하지 마라. 학력 또한 당신 이미지의 일부라는 점을 명심하고 당신의 학력을 긍정적으로 해석하라.

5 여자인 그대

유리천장에 막힌 당신의 이름은 여성

20년 이상 사회생활을 하고 있는 여성의 입장에서 보건대, 우리 사회는 아직까지도 여성이 당당히 사회의 문을 열고 들어가 정상을 차지하기에는 너무 높은 벽이 가로막고 있다. 여성 대통령까지 배출한 나라이지만 아직도 결혼한 여성을 채용하지 않는 회사가 있고, 여성에게는 커피 심부름이나 복사 등 단순한 업무만 시키면서 여성을 남성의 보조 역할쯤으로 생각하는 조직이 여전히 존재한다.

유리천장은 1986년 『월스트리트 저널』에서 처음 사용한 단어로, 현대 직장 여성들의 승진을 막는 조직 내 보이지 않는 장벽을 뜻한다. 여성의 지위 상승이 어려운 현실을 비유하고 있다. 『이코노미스트』의 조사 결과에 따르면 우리나라의 유리천장 지수는 꼴찌로 나타났다. 유리천장 지수는 고등교육 기회, 노동시장 참여율, 육아 비용, 출산휴가 조건, 비즈니스스쿨 지원 같은 요소들을 바탕으로 국가별 점수를 산정한 것이다. 유리천장 지수의 상위권은 북유럽 국가이고, 최하위권은 한국과 일본이 차지했다. 직업을 가진 여성 수도 적고, 고위 임원 비율은 더욱 낮아 우리나라 여성의 사회활동 환경이 열악하다는 것을 보여주는 결과다.

설사 유리천장을 깨부수고 고위 임원이 된 여성들도 알게 모르게 차별을 당한다. 왜 여성 기자는 그냥 기자가 아닌 여기자일까? 왜 여성 검사는 여검사일까? 더구나 여사장이라는 말은 일반적인 사장과는 사뭇 다른 어감을 주기 때문에 리더를 또 다른 시각으로 바라보게 만든다. 오죽하면 여사장과 함께 일하는 남자들은 불쌍하다는 말까지 있을까. 지금은 많이 나아지긴 했지만, 불필요한 접두사가 붙는 정도만큼 여성은 여전히 차별받는 존재다.

미국 해군정보부의 조단 오닐은 뛰어난 능력을 가졌음에도 불구하고 여자라는 이유로 번번이 무시를 당한다. 이때 군의 성차별 폐지 법안을 이용해 재선을 노리는 여성 상원의원 드헤이븐은 해군과 비밀 협상을 한다. 남자들도 대부분 탈락한다는 네이비 씰 특수부대 훈련에서 여자 대원이 무사히 훈련을 마치면 3년 안에 군의 모든 남녀 차별을 철폐한다는 내용이다. 여성은 이 훈련을 일주일도 견디지 못한다는 것을 누구보다 잘 알고 있는 드헤이븐 의원은 이를 이용해 여성 지지자들의 표를 얻으려는 계산이고, 해군 쪽에서는 여자 대원이 중도 포기하면 특전단 훈련의 여성 참여 금지에 대한 근거가 생기기 때문에 사실상 이 거래는 양쪽 모두가 이득을 챙기려는 정치적 계산에서 나온 것이었다. 이 실패할 수밖에 없어 보이는 게임에 오닐이 참여한다. 그리고 혹독한 훈련에서도 남자 이상의 성과를 내며 인정받는다. 그러나 오닐을 정치적으로 이용하려는 사람들로 인해 음모에 휘말리고 여자들과 함께 있는 사진을 근거로 동성애자라는 혐의를 받는 등 위기에 처한다. 그러나 오닐은 직접 국회의원을 찾아가 담판을 짓는 등 극적인 사건을 거치며 명예를 되찾고 영웅으로 등극한다.

– 영화 〈지.아이.제인〉 줄거리

1997년에 나온 이 영화는 군에서 차별받는 여성이 성공한다는 내용처럼 보이지만 이에 대한 비판도 끊이지 않았다. 주인공 조단 오닐은 슈퍼우먼으로 남성 못지않은 강철 같은 체력과 운동신경을 갖춘 여성이다. 하지만 이런 설정 자체가 실제 여성과는 동떨어진 캐릭터라는 지적이 있다. 여성은 남성과 신체능력에서 차이가 날 수밖에 없다. 그런 신체적 한계를 극복하기 위해 노력은 할 수 있지만 '남자만큼 하라'는 요구 자체가 무리라는 것이다. 애초에 드헤이븐 의원이 내놓은 제안 자체가 함정이었다. 이 극복할 수 없는 함정을 죽을 고생을 하며 돌파해내는 것이 과연 여성이 가야 할 길일까? 결국 여성이 성공하기 위해서는 최대한 남자다워져야 한다는 생각이 깔려 있는, 여성의 탈을 쓴 남성 위주의 영화라는 평이 적지 않다.

남자 같은 여자가 되라는 구호를 대놓고 외치는 사람은 거의 없지만 여전히 비뚤어진 잣대로 여성을 바라보는 시각이 있다. 사실 최근에는 남녀 불평등이라는 말을 사용하기가 조심스러워졌다. 양극화가 심해지면서 극심한 차별 속에 고통 받는 남성이 많아졌기 때문이다. 이들에게 남성을 하나로 묶어 "남성이 여성보다 형편이 낫다"라고 말하면 발끈할 수밖에 없다. 그럼에도 불구하고 실질적인 경제지표나 고용 현황을 살펴보면 여성이 남성보다 훨씬 더 많은 어려움을 겪고 있음을 확인할 수 있다.

이런 부분을 지적하면 일부 남성들은 "실제 여성이 능력이 떨어지기 때문에 임금이나 진급에서 불이익을 겪는다"는 반응을 보인다. 어느 정도 직장생활을 경험해본 남성의 경우 "여성은 야근 등 조직 문화에 협조적이지 않아 승진하지 못한다"는 식으로 선을 그어버리기도 한다.

여성이 남성보다 일을 적게 한다는 말에 동의하기도 어려울뿐더러, 백번 양보해 능력의 차이가 존재한다고 해도 여성 정치인이나 기업 여성 임원이 이렇게 낮은 현상을 어떻게 설명할 수 있을까? 오로지 시험 성적으로만 평가하는 각종 고시에서는 여성이 남성을 추월하고 있으며, 수석 합격자도 여성이 더 많다.

그렇다고 여성에게 전혀 문제가 없다는 소리는 아니다. 뒤에서 좀 더 상세히 언급하겠지만 여성의 권리만 취하고 의무를 다하지 않아 전체 여성의 이미지에 먹칠을 하는 사람들도 분명히 있다.

이 장에서는 남성과 여성 중 누가 더 어렵고 힘들며, 각자가 어떻게 각성해야 하는지를 논하려는 것이 아니다. 남성과 여성을 떠나 '센 분'이 되기 위해 어떤 장점을 취하고 어떻게 변화해야 할지를 이야기하려고 한다. 1980년대부터 이미 남성 위주의 세계가 끝나가고 있다는 선언이 나오기 시작했다. 하지만 이 현상을 우리의 일상에 어떻게 접목시켜야 하는지에 대한 고민은 현재진행형이다. 이제까지는 남성 위주의 가치관이 사회 통념으로 자리 잡아 성공 기준도 훌륭한 남성, 남성 못지않은 여성이 되는 것이었다. 하지만 이제는 지금까지 부각되지 못했던 여성적 가치들이 사회생활에 좀 더 구체적으로 적용되도록 해야 한다. 그 방법에 대해 지금부터 알아보겠다.

성공한 여성은 '착한 여자'도 '슈퍼우먼'도 아니다

여성 중심, 여성 위주의 사고가 요구되는 시대이지만 '여성이니까 옳다'는 생각에는 브레이크를 걸고 시작하자. 사회적인 차별은 여전히 존재하지만 여성이 당당해지지 못하는 이유를 꼭 사회 탓으로만 돌릴 수는 없다. 일부 여성의 태도와 생각도 문제다. 남녀평등이니 페미니즘을 논하기 전에 여성 스스로가 편견에 사로잡혀 중요한 일을 지나치는 경우도 적지 않기 때문이다. 지금은 많이 나아졌지만 과거 여성들은 어릴 때부터 겸손의 미덕과 더불어 너무 나서지도 처지지도 말라는 식의 교육을 받아왔다. 혹은 남성에게 의존하는 태도를 자연스럽게 학습하는 문화도 있다. 남성의 권력을 인정하는 대신 경제력을 의지하는 식이다.

이런 의식과 문화가 뿌리 깊게 자리 잡은 여성의 경우 스스로 인생을 개척하기보다는 편하게 묻어가려는 태도를 보여 눈살을 찌푸리게 한다. 남녀 불문하고 나타나는 현상이지만 집안에 하나 있는 자식으로 귀하게 대접받은 탓인지 자기중심적이고 이기적으로 조직 생활을 하는 사람들도 있다. 감정 표현에 솔직한 여성이 자신의 생각을 가감 없이 드러냈다가 좋지 않은 결과를 초래하기도 한다.

갓 입사한 신입사원은 성별을 떠나 복사나 짐 나르기 등 허드렛일부터 시작하게 마련이다. 상사가 남성과 비슷한 일을 시켰을 때, '내가 여자라서'로 시작하는 말부터 늘어놓거나, 상사로부터 내키지 않는 일을 지시받았다고 해서 단호하게 '아니요'라고 대답하면 '여자가 벼슬인가'라는 식의 비아냥거림을 피할 수 없다.

나는 신입사원부터 CEO까지 많은 여성들을 만나왔다.
그런데 조직에서 인정받는 여성들에게는 몇 가지 공통점이 있었다.

그들은 효과적으로 거절하는 법에 대해 나름의 노하우가 있었고, 다른 사람들이 자신을 어떻게 평가할지를 두려워하지 않았다. 무조건 칭찬받기를 원하지도 않았고, 자신의 행동이나 결정이 비판을 받았을 때는 감정을 앞세우기보다 원인을 찾고 개선하기 위해 부단히 노력했다. 남성 상사나 동료들과 함께 처리해야 하는 일이 있으면 자신의 생각을 굽히고 기꺼이 협력하는 모습을 보여주었다. 여성이기 전에 조직의 일원임을 잊지 않았다.

그들은 감당할 수 없는 스트레스로 자신을 몰아붙이지 않았다. 일과 가정이라는 두 마리 토끼를 잡기 위해 슈퍼우먼이 되어야 한다는 강박에 시달리지 않았다. 그보다는 자신의 상황을 파악하여 할 수 있는 것과 할 수 없는 것을 구별하고, 가족들에게 도움을 요청하는 것을 부끄러워하지 않았다. 그들은 모든 일을 잘하면서 그로 인한 스트레스를 이겨내기란 이만저만 힘든 게 아니란 걸 깨달았기 때문이다.

그러고 보면 나 또한 일하는 엄마로서 내 일의 우선순위를 가족과 공유하고 도움을 받고 있다. 영원한 나의 후원자 친정어머니를 비롯한 남편과 아이 말이다. 그렇지 못하면 '엄마'로서 지금처럼 일하기 힘들다.

물론 남편을 설득하는 데 10년이 넘게 걸렸지만 포기하지 않고 대화를 시도해 지금은 자연스럽게 도움을 청하게 되었다. 그렇다고 해도 드라마의 주인공처럼 모든 것을 잘할 수는 없다. 이를 인정하는 순간, 가족이 가장 믿고 의지할 수 있는 '분'이라는 것을 깨닫게 될 것이다. 어찌 보면 가족의 울타리만큼 강한 것도 없다.

마지막으로 그들은 모험을 즐길 줄 알았다. 여성과 모험은 쉽게 연결되지 않는 단어다. 특히 우리 사회에서는 더 그렇다. 그러나 여성이라고 도전하지 말라는 법은 없다. 아니, 그런 시대는 지났다. 여성, 남성의 문제가 아니라 생각의 차이일 뿐이다. 눈앞의 안정된 자리와 손에 잡힐 듯 훤히 아는 일이 더 나은 미래를 보장해주지는 않는다. 어느 시점에 이르면 변화만이 나의 가치를 높여주고 새로운 길을 열어준다. 모험하는 사람은 늙지 않는다. 도전하고 인내할 줄 아는 멋진 분이 되는 것이다.

미국의 방송인 오프라 윈프리는 스타 자리에 오른 지 상당한 세월이 흘렀어도 여전히 '세계에서 가장 영향력 있는 여성'이라는 수식어가 붙는다. 그녀는 흑인이자 여성이며 미혼모에 뚱뚱한 몸매를 가졌다. 그녀를 표현하는 수식어 중 사회 통념에 비추어볼 때 긍정적인 단어는 없다. 하지만 오프라 윈프리는 현재 인기인이며 재력가이고 수많은 사람들의 멘토다.

그녀의 과거는 평탄하지 않았다. 지독하게 가난한 미혼모의 사생아로 태어나 외할아버지 밑에서 자랐다. 아홉 살 때 친척에게 성폭행을 당했으며, 열네 살이라는 어린 나이에 아이를 낳아 미혼모가 되었다. 하지만 아이가 2주 만에 세상을 떠나는 불행이 겹치자 오프라 윈프리는 자살도 생각해보고 마약으로 현실을 잊어보려고도 했다. 그러나 그녀는 끝내 자신이 처한 어려움을 극복해냈다. 그녀는 과거를 회상하며 이렇게 말한다. "나는 내가 위대해질 운명을 타고났다는 것을 항상 알고 있었다 I always knew I was destined for greatness."

리포터 겸 앵커로 방송계에 입문하면서 오프라 윈프리의 인생은 바뀐다. 상처 받은 사람들을 위로하고 달래주는 〈오프라 윈프리 쇼〉를 맡아 25년 동안 시청률 1위의 프로그램으로 만들면서 '토크쇼의 여왕'이라는 찬사를 받았다. 오프라 윈프리의 영향력은 미디어에 국한되지 않고 출판, 음악, 영화, 자선사업, 교육 등 사회 전반으로 퍼져나갔다.

그녀는 어렵고 험난했던 과거를 전화위복의 발판으로 삼았을 뿐, 그것을 핑계로 세상을 비난하거나 다른 사람을 원망하지 않았다. 자신의 위치보다 더 나은 삶을 위해 불우한 상황을 견디며 노력했을 뿐이다.

남성의 사고방식도 문제지만 여성의 사고방식 또한 바뀌어야 한다. 우리가 논하고자 하는 '센 분'으로 가는 길에 여성이라는 이유로 무임승차할 수 없다. 시대의 흐름에 맞게 여성은 자기 안에 내재된 장점을 끊임없이 개발해야 하며, 남성은 자신이 가지지 못한 여성의 장점을 배워야 한다.

감성을 제대로 활용하라

의문이 들 수 있다. 특히 사회생활을 경험해본 남성들은 "여성에게 배우라"는 말을 하면 혀를 차기도 한다. 도대체 주변에 배울 만한 여성이 있느냐고 말한다. 분명한 사실은 지금까지 한국 사회는 대부분 남성 중심으로 조직되고 운영되었다는 점이다. 남성 중심의 조직이라는 말은 그 조직의 문제 해결 방식이 남성에게 초점이 맞춰져 있다는 뜻이기도 하다. 옳고 그르고를 따지기 전에 남성 중심의 조직에서 여성의 성향에 맞는 문제 해결 방식을 제시해봐야 소용이 없다는 점을 인정해야 한다. 조직의 규칙을 남성의 사고에 맞게 만들어놓고 그 안에 속한 여성이 힘들어하면 '적응하지 못한다'고 비난하는 것은 어불성설이다.

물론 개인에 맞춰 조직이 바뀔 수는 없다. 하지만 세상이 바뀌고 있다. 이런 변화를 외면해서는 안 된다. 많은 여성들이 사회 각 분야에 진출하고 있고, 일하는 여성이 늘어감에 따라 고위급 여성의 비율도 조금씩이나마 증가하고 있다. 2000년 이후 여성의 경제활동 참가도 늘었고, 주요 기업의 임원으로 당당히 진출한 여성들도 눈에 띈다. 아직은 미흡하지만 남녀 간의 임금 격차도 줄어들었다. 정치계에도 여풍이 만만치 않다. 여전히 구시대적 가치로 인한 유리천장은 남아 있지만 점차 여성 인력의 특성에 맞는 규칙의 수정이 요구되는 추세다.

그 새로운 규칙의 핵심에 들어갈 수 있는 가치가 감성지능이다.

학창시절 생활기록부라는 게 있었다. 스타가 보고 싶어하는 사람을 찾아주는 TV 프로그램이 있었다. 선생님을 찾을 때면 항상 그 스타의 생활기록부를 보여주곤 했다. 예전에만 해도 사람들은 생활기록부 귀퉁이에 적혀 있는 IQ에 관심을 가졌다.

하지만 지금은 EQ를 따진다. EQ는 주로 감성지능의 동의어로 쓰인다. 감성지능이라는 용어를 처음 만든 피터 샐로비Peter Salovy와 잭 메이어Jack Mayer는 감성지능에 대해 이렇게 정의했다. "감성을 지각하고 생각을 뒷받침하기 위해 감성에 접근하여 감성을 일으키고, 감정의 실체와 의미를 이해하며, 정서적이고 지적인 성장을 촉진하는 방식으로 감성을 성찰하고 조절하는 능력." 브리태니커 백과사전에 따르면 감성지수는 지능지수intelligence quotient: IQ에 대비되는 개념으로, 마음의 지능지수라고도 한다. 미국의 행동심리학자인 대니얼 골먼Daniel Goleman은 "인간의 총명함을 결정하는 것은 IQ가 아니라 EQ"라고 제창해 커다란 반향을 불러일으켰다.

EQ란 자신의 느낌을 솔직하게 인정하고 마음으로부터 납득할 수 있는 판단을 내리는 능력, 불안이나 분노 등에 대한 충동을 조절하는 능력, 궁지에 몰렸을 때에도 자기 자신에게 힘을 북돋아주고 낙관적인 생각을 유지할 수 있는 능력, 남을 배려하고 공감하는 능력, 집단 속에서 조화와 협조를 중시하는 사회적 능력 등을 일컫는다.
자신과 다른 사람의 감정을 이해하는 능력과 삶을 풍요롭게 하는 방향으로 감정을 통제하는 능력, 이것이 EQ다. EQ가 높은 사람은 갈등 상황을 만났을 때 그 상황을 분석하고 자신의 처지를 정확하게 인식한다. 감정적 대응을 자제함과 동시에 다른 사람에 대한 공감적인 이해를 나타낸다.
학교 다닐 때 공부는 잘하지 못했지만 사회생활을 하면서 능력을 인정받는 친구를 본 적이 있는가? 그리 똑똑하지도 않고 아주 좋은 배경을 가진 것도 아닌데 어떻게 성공했을까 의아한 마음이 들었을 것이다. 하지만 그 친구가 하는 행동거지를 하나하나 살펴보면 성공할 수밖에 없는 장점들을 발견하게 된다.

미국의 GE에서 일하는 직원 중에는 아시아인이 많다. 이상한 점은 그렇게 아시아인이 많은데도 임원은 별로 없다는 것이다. 그래서 GE에 근무하는 아시아인 1000명을 대상으로 '왜 자신이 승진 기회를 놓친다고 생각하는가'를 물은 적이 있었다. 그 결과 '소프트 스킬의 부족'을 꼽은 사람이 가장 많았다.

하드 스킬은 생산, 마케팅, 재무, 회계, 인사 조직과 같이 전문 지식, 기본적인 전문성 등을 일컫는다. 간단하게 말하면 일하는 능력이다. 그럼 소프트 스킬은 무엇일까? 다른 사람들과 의사소통하는 법, 협상, 팀워크, 리더십처럼 다른 사람들과 잘 어울리는 능력이 바로 소프트 스킬이다. 하드 스킬이 일하는 능력이라면, 소프트 스킬은 사람을 다루는 능력이라고 할 수 있다.

GE에서 근무하는 아시아인들은 대부분 명문 대학을 졸업한 공학 박사들인 만큼 머리가 좋고 전문직에서 두각을 나타낸다. 그들 모두 하드 스킬이 뛰어날 수밖에 없다. 이렇게 하드 스킬이 비슷비슷한 상황에서 팀을 이끌 매니저를 뽑는 기준은 소프트 스킬이 될 수밖에 없다. 결국 승진을 좌우하는 것은 소프트 스킬이라는 것이다.

존 록펠러는 "나는 다른 어떤 능력보다도 사람을 다루는 능력을 가진 직원에게 더 많은 임금을 지불할 것이다"라고 했다. 그만큼 사람을 다루는 능력을 중요하게 여겼다. 그렇다면 이런 능력은 도대체 어디서부터 나오는 걸까? 어느 정도 연차가 있는 직장인들에게 물어보면 꽤 시니컬한 대답이 돌아온다. 회식 자리에 꼬박꼬박 참석하고 술을 잘 마시며 상사에게 대들지 않는 게 인간관계의 시작이라는 식이다. 놀랍게도 젊은 대학생들에게 물어도 비슷한 대답이 돌아온다. 선배들에게 그런 이야기를 수없이 들어왔기 때문이다.

그 대답이 완전히 틀린 것은 아니다. 아직도 많은 기업의 직장 문화가 그러하니까. 그러나 시대가 바뀌었다. 변화하지 못하는 기업은 사라진다. 과거의 방식이 그래왔지만 앞으로도 그러리라는 법은 없다. 당신의 시야가 좁아지는 것을 경계해야 한다. 사회생활에 매몰되다 보면 이제껏 해온 대로 앞으로도 해나가면 될 것이라고 생각하게 된다. 그러나 급변하는 사회에 미리 대비하지 않고 과거의 방식을 답습하면 결국 피해는 나에게 돌아온다.

나는 새로운 방식에 적응하기 위한 노력의 시작으로 감성지능의 개발을 권하고 싶다. 그리고 이 분야에서는 여성이 유리하다. 여성은 일반적으로 어떤 상황에 처했을 때 느끼는 나의 감정과 다른 사람의 감정을 파악하는 능력이 남성보다 뛰어나다. 이 능력을 긍정적으로 활용한다면 그 조직은 여성 인력 증가에 따른 혜택을 톡톡히 볼 수 있을 것이다.
비즈니스 관계로 만나온 많은 사람들이 종종 하는 이야기가 있다. '여자들은 지나치게 감정적'이라는 것이다. 이 말에는 부정적인 의미가 담겨 있는 것이 사실이다. 감정이 풍부해야 감성적일 수 있고, 현대

사회는 감성을 중요하게 여긴다. 그러나 업무를 감정적으로 대하면 좋지 않은 평가를 받는다.

감정과 감성은 다르다. 감정은 개인적이다. 슬픔이나 기쁨같이 마음속에서 우러나오는 것이 감정이다. 때문에 감정을 고스란히 표현하면 이기적이라는 말을 듣기 쉽다. 감성은 감정과 달리 공감에 맞닿아 있는 말이다. 감성은 개인의 내면에서 정제되지 않고 나온 날것의 감정이 아니라 상황과 분위기에 맞춰 여과된 상호적 개념으로 이해하는 게 맞다. 그래서 감성적인 사람에게는 쉽게 공감할 수 있지만 감정적인 사람에게는 다가가기 어렵다.

그럼에도 불구하고 감정이 풍부한 것은 감성을 기르는 데에 중요한 바탕이 된다. 감정이 풍부하다는 것은 그만큼 타인의 감정을 예민하게 느끼고 받아들인다는 것을 의미하기 때문이다. 그리고 이러한 능력은 다른 사람과 소통하는 데 큰 장점이 된다. 상대의 마음을 읽고 호감을 얻을 수 있는 사람, 요즘 사회에서 이보다 환영받는 인재는 없다.

1990년대 이후 지금까지 사회 각 분야에서 리더로 활동하는 사람들을 만나보면, '명령하는 리더'에서 '소통하는 리더'가 되기 위해 고심하고 있음을 확인할 수 있다. 시대가 '명령하는 리더'보다는 '소통하는 리더'를 요구하고 있기 때문이다. 전자의 경우 일의 효율성을 위해 작은 가지는 과감하게 잘라내는 결단력을 보인다. 다른 사람의 의견을 모두 듣기보다는 객관적이고 검증된 의견을 듣고자 한다. 또한 조율과 합의점을 찾기보다는 더 나은 의견을 선택하는 데 집중한다. 그렇게 내린 판단은 명령으로 바뀌어 빠르게 수행된다. 이런 리더는 기능적인 업무를 추진하거나 이성적인 판단을 내리는 데에는 익숙하나, 창조적인 업무를 진행하는 데에는 효과적이지 않다. 경직된 구조 때문에 새로운 의견이 나오기 어렵고, 나온다고 하더라도 그것이 수치로 증명되지 않으면 가치 없는 의견으로 치부되기 쉽다. 후자는 효율성보다는 관계성을 중시한다. 일에 있어서 주어진 측면만 보는 것이 아니라 고려할 수 있는 상황을 모두 고려한다. 이런 자세가 다른 사람의 의견을 듣게 만든다. 팀장은 최종 결정권을 가지지만, 팀원들의 의견을 충분히 수렴하여 조율한다. 이러한 태도는 비즈니스 의사결정에서 너무 많은 것을 고려하는 듯 보이지만, 문제가 일어날 수 있는 위험성을 줄인다. 또한 이런 리더가 이끄는 팀에서는 말하고 듣는 과정을 통해 새롭고 참신한 의견이 나오기 쉽다. 사람들은 팀장의 권위에 눌리지 않고 자신의 의견을 자유롭게 말하며, 리더는 이를 최대한 수용하기 때문이다.

최근 여성형 리더가 각광받는 것은 바로 이런 소통의 능력 때문이다. 창조성이 중요시되고 팀워크와 협동이 요구되는 업종일수록 이런 리더의 능력은 진가를 발휘한다. 또는 명령형 리더를 필두로 한 경직된 구조에 활력을 불어넣을 수 있는 대안적인 리더로 소통형 리더가 주목받고 있다. 권위적이고 일방적이며 심지어 부패하기까지 한 정치의 장에서 여성 정치인이 어필하는 것도 이 때문이다. 여성이 정치인이 되기 위해서는 여성성을 제거하고 남성과 동등함을 강조해야 어필할 수 있었던 과거와는 많이 달라진 모습이다. 여성은 약자가 아니다. 아줌마에 대한 이미지 변신도 시급하다. '아줌마'에 대한 부정적 인식을 버리고, '쎈 분'답게 행동해야 할 때다.

Point

- '남자와 같은 능력을 가진 여자'를 요구하는 것은 정답이 아니다. 전혀 효율적이지 않기 때문이다.
- 의존적 사고를 가진 여성은 차별의 늪에 빠질 수밖에 없다. 속히 탈출하라.
- 남성과 여성의 장단점을 따지며 우열을 논하는 것은 무의미하다. 장점을 취해 유리한 쪽으로 진화하라.
- 당신의 생존을 위해 감성지수를 높여라. 당신이 남성이라면, 주변의 여성에게 배울 수 있다.

"억울한 사람이 없는 회사를 만들어갔으면 합니다."

15년 동안 직원들에게 늘 강조해온 메시지다.

사회생활을 하다 보면 교과서와 다르게 참으로 억울한 일들이 많다.

가진 게 없어도, 있어도 억울하고
못 배워서, 많이 배워서 억울하고.
인기가 없어도, 있어도 억울하고
여자라서, 남자라서 억울하고.
나이 들어서, 젊어서 억울한 사회다.
이래저래 참으로 억울한 사람이 많은 것 같다.

20세기를 대표하는 미국의 문명사학자 윌 듀런트는 "종족이 문명을 만드는 것이 아니라, 문명이 사람들을 만들어낸다. 영국인이 영국 문화를 만들어냈다기보다, 영국의 문화가 영국인을 만들어낸 것이다"라고 말했다.

그의 말대로라면 대한민국 국민을 만들어낸 것은 바로 독특한 우리의 문화다. 과거부터 우리의 민족성을 가리켜 '어진 사람', '겸손한 사람', '정숙한 사람'이라는 칭찬이 자자했다. 이를 되돌아볼 때 대한민국의 인간 유형을 만들어낸 힘은 바로 동방예의지국이라는 '문화'였다. 그러나 성장통 때문일까, 대한민국의 현실은 그렇게 낙관적이지 않다. 한국의 어떤 문화가 우리나라 국민을 억울하게 만들고 있는 것일까.

'땅콩회항' 사건을 통해 보듯 조직 내 종속 관계와 같은 가진 자들의 횡포로 상처받고, '법보다 위에 있는 사기'에 믿을 곳이 없어진 사람들에게 어느 순간 힘없는 '포기'가 미덕이 되어버린 지금의 사회 현상을 보며 '돈보다 강한 것은 없다. 힘이 있어야 한다'라는 성과 위주의 성공을 추종하는 문화가 우리를 더 억울하게 만들고 있는 것은 아닐까.

변화해야 한다. 그래야 한다. 우리 아이들에게 어떻게 살아가라고 가르칠 것인가? 무엇이 중요하다고 말할 것인가? 세고 약하다는 힘의 관계가 중요한 것이 아니라, 강하든 약하든 어느 영역이든 올바른 태도와 성품을 가진 '분'들이 많아져야 아름답고 억울함이 없는 좋은 나라가 될 것이다. 강하거나 약한, 또는 세거나 약한, 이런 이분법적인 문화가 아니라 마음가짐으로 구분하는 '분'을 존경하는 문화가 우리의 미래 지향적 가치관이 되어야 한다.

먼저 나부터, 우리 가정부터, 그리고 나의 회사부터 억울하지 않은 문화를 만들어가야 한다는 메시지를 이 책을 통해 세상에 소개하게 되어 기쁘다. 15년 동안 나의 생각을 정리해 쓴 책과 글들을 총 집대성한 이번

책이 우리 스스로가 억울하지 않은 사회를 만들어가는 데 조금이나마 도움이 되길 바란다.

쎈 놈 VS 약한 분

초판인쇄 2015년 1월 19일
초판발행 2015년 1월 26일

지은이 허은아
펴낸이 강병선
편집인 황상욱

기획 황상욱 윤해승
편집 황상욱 조은호 윤해승
디자인 최정윤 **교정** 오효순
마케팅 방미연 이지현 함유지 윤해승
온라인 마케팅 김희숙 김상만 한수진 이천희
제작 강신은 김동욱 임현식
제작처 한영문화사

펴낸곳 (주)문학동네
출판등록 1993년 10월 22일 제406-2003-000045호
임프린트 휴먼큐브
주소 413-120 경기도 파주시 회동길 210 1층
문의전화 031-955-1902 (편집) 031-955-2655 (마케팅) 031-955-8855 (팩스)
전자우편 forviya @ munhak.com 트위터 @ humancube44 페이스북 fb.com/humancube44

ISBN 978-89-546-3428-1

이 도서의 국립중앙도서관 출판예정도서목록 (CIP)은 서지정보유통지원시스템 홈페이지(http://seoji.nl.go.kr)와 국가자료공동목록시스템(http://www.nl.go.kr/kolisnet)에서 이용하실 수 있습니다.
(CIP제어번호 : CIP2014038339)

www.munhak.com